会计信息化

小企业会计准则

周铭梨　鲁欢欢　**主编**

贾沉燕　朱　红　王可云　王燕飞　**副主编**

浙江工商大学出版社
ZHEJIANG GONGSHANG UNIVERSITY PRESS

·杭州·

图书在版编目(CIP)数据

会计信息化：小企业会计准则 / 周铭梨，鲁欢欢主编． — 杭州：浙江工商大学出版社，2021.12
ISBN 978-7-5178-4751-9

Ⅰ．①会⋯ Ⅱ．①周⋯ ②鲁⋯ Ⅲ．①会计信息－财务管理系统②中小企业－会计准则－中国 Ⅳ．①F232②F279.243.52

中国版本图书馆 CIP 数据核字(2021)第 244317 号

会计信息化——小企业会计准则
KUAIJI XINXIHUA XIAO QIYE KUAIJI ZHUNZE

周铭梨　鲁欢欢　主编

贾沉燕　朱　红　王可云　王燕飞　副主编

责任编辑	童江霞
封面设计	王亚英
责任印制	包建辉
出版发行	浙江工商大学出版社
	（杭州市教工路 198 号　邮政编码 310012）
	（E-mail:zjgsupress@163.com）
	（网址:http://www.zjgsupress.com）
	电话:0571-88904980,88831806(传真)
排　　版	杭州朝曦图文设计有限公司
印　　刷	广东虎彩云印刷有限公司绍兴分公司
开　　本	889mm×1194mm　1/16
印　　张	7.75
字　　数	198 千
版 印 次	2021 年 12 月第 1 版　2021 年 12 月第 1 次印刷
书　　号	ISBN 978-7-5178-4751-9
定　　价	32.00 元

前　言

　　为了提升财会专业学生的会计信息化处理技能,以更好地适应社会对财会人员的要求,教材编写组根据相关要求编制了会计信息化教材。

　　本教材以中职学生学情为主线,以企业会计实际为基础,通过搜集企业会计真实账务资料,并在此基础上进行整理改编,最终形成适合中职学生使用的会计信息化教材。本书以项目导向为目标,设置了系统管理设置、基础档案设置、总账管理、财务报表编制、工资管理、固定资产管理六大项目模块。编排的教材内容先易后难,层层递进,既有理论知识,又有实战业务,既有新知识的学习,又有旧知识的复习和巩固。同学们通过对本教材内容的学习,可以比较系统地掌握会计信息化的实际操作技能。

　　本教材设计的总学时为 60 学时,各项目学时分配如下表所示(仅供参考):

各项目学时分配情况

单位:学时

项　　目	教学要求	讲授	实训	机动	合计
会计信息化简介	必修	1			1
项目一:系统管理设置	必修	1	1		2
项目二:基础档案设置	必修	3	3		6
项目三:总账管理	必修	7	7		14
项目四:财务报表编制	必修	2	2		4
总账练习	必修		2		2
项目五:工资管理	选修	4	4		8
项目六:固定资产管理	选修	4	4		8
账套综合练习	选修		6		6
机动				9	9
合计		22	29	9	60

　　本教材由周铭梨、鲁欢欢、贾沉燕、朱红、王可云、王燕飞等老师共同编写,其中周铭梨老师负责统筹整本教材的编写及实务资料的搜集,朱红老师负责系统管理设置项目、基础档案设置项目、总账管理项目的编写,鲁欢欢老师负责财务报表编制项目、工资管理项目的编写,贾沉燕老师负责固定资产

项目的编写,王可云和王燕飞老师完成了本书的审稿工作。

  本教材在编写的过程中,得到许多单位和老师的帮助。在此特别感谢为本书编写提供大力支持的绍兴柔岂纺织品有限公司的领导及专家金涛老师。

  本书是财会专业系列教材中的一本,希望能给使用本教材的同学们提供有针对性的帮助,同时由于编写仓促,难免存在错漏之处,希望各位老师和同学多提宝贵意见,以便进一步修订完善。

编　者

2021 年 8 月

目　录

会 计 信 息 化 简 介

任务引例：

陈挺，男，2017 年毕业于绍兴某高校会计专业，毕业后，就职于绍兴新力达有限责任公司，现为公司的财务主管。

徐英，女，2018 年毕业于绍兴某高校会计专业，毕业后，就职于绍兴新力达有限责任公司，现为公司的会计。

孙子轩，男，2018 年毕业于绍兴某学校会计专业，毕业后，就职于绍兴新力达有限责任公司，现为公司的出纳。

绍兴新力达有限责任公司是一个一般纳税人小企业，增值税率为 13%。

知识准备与业务操作：

会计信息化是将电子计算机和现代数据处理技术相结合，应用到会计工作中的简称，是用电子计算机代替人工记账、算账和报账，以及部分代替人脑完成对会计信息的分析、预测、决策的过程，其目的是提高企业财务管理水平和经济效益，从而实现会计工作的现代化。

本书采用畅捷通标准版 10.8 教学版，该软件由若干个子系统组成，各个子系统有各自的功能，为不同的管理需要服务。畅捷通软件主要包括总账管理、财务报表、工资管理、固定资产管理、财务分析、采购管理、销售管理、库存管理和核算管理等子系统。每个子系统具有特定的功能，各个子系统之间又存在紧密的数据联系，如：采购管理系统录入采购入库单，库存管理系统根据该入库单登记入库台账，在核算系统核算采购成本；销售管理系统开出销售出库单，库存管理系统根据该出库单登记出库台账，在核算系统核算采购成本；库存管理系统录入各种出入库单，登记出入库台账；核算系统生成存货成本的凭证，传递到总账等。

会计信息化的操作流程如图 0.1 所示：

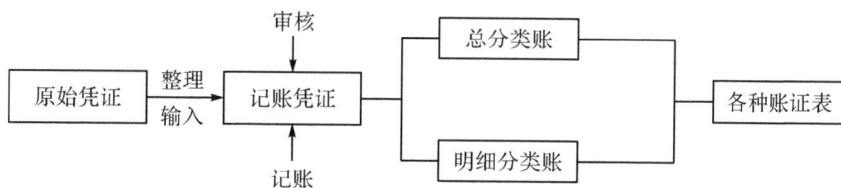

图 0.1　会计信息化操作流程

项目一：系统管理设置

任务引例：

绍兴新力达有限责任公司由于业务需要，需要将手工会计做账转变成电脑做账。因此，财务部需要将公司的性质、法人代表、地址、电话等信息输入系统，建立一个以绍兴新力达有限公司命名的账套。

知识准备与业务操作：

畅捷通软件有两个界面，一个是系统管理，一个是T3-企业管理信息化软件。系统管理拥有新建账套、删除账套和备份账套以及增加操作员等功能，即一个企业的账的初始建立、删除和备份等功能。T3企业管理信息化软件用于企业的人员档案等基础资料的录入以及日常经济业务的处理。

（一）启动并注册系统管理

操作步骤：

（1）单击"开始"按钮，找到"所有程序"选项，单击一下，再依次单击"用友通系列管理软件""畅捷通""系统管理"命令，即进入畅捷通"系统管理"窗口，如图1.1所示。

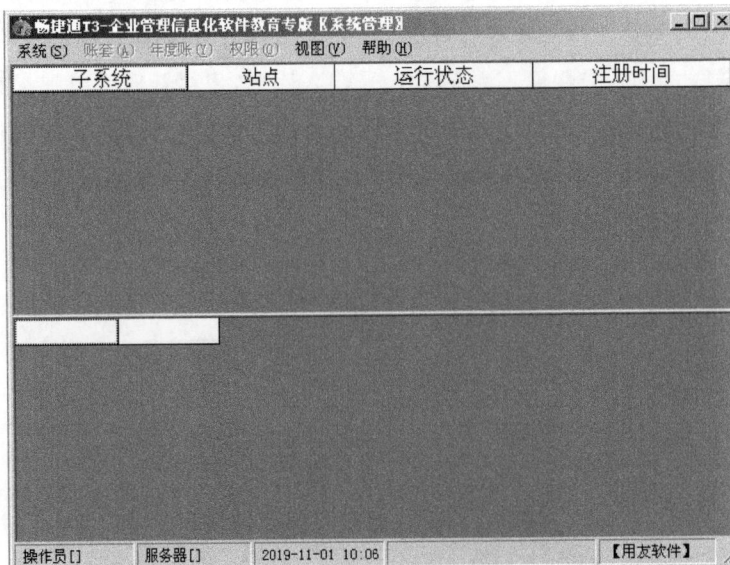

图1.1 畅捷通"系统管理"窗口

（2）依次单击"系统""注册"命令，打开"注册【控制台】"对话框。

（3）在"用户名"对应的框内输入"admin"，如图 1.2 所示。

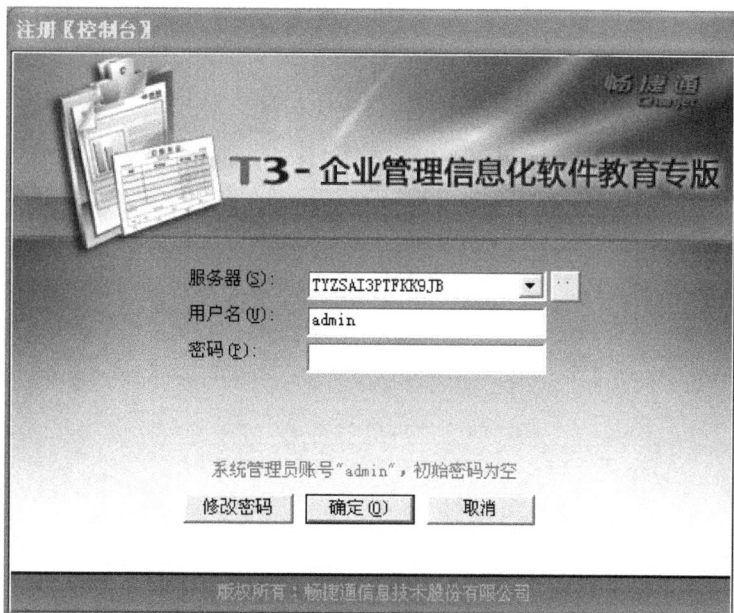

图 1.2　以系统管理员身份登录系统管理

（4）单击"确定"按钮，以系统管理员身份注册进入系统管理。

技术支持：

●系统时间和操作时间要改为一致。

●admin 是系统默认的系统管理员，其初始密码为空。

●在实际工作中，为保证系统的安全，必须为系统管理员设置密码。考虑到学校教学环境中，通常一台机器要供多个学员使用，一旦设置密码，他人就无法进入系统，所以建议保持空密码状态。

（二）设置操作员

【工作实例】

设置操作员如表 1.1 所示。

表 1.1　操作员信息统计

操作员编号	操作员姓名	操作员权限	操作员岗位
301	陈　挺	账套主管	账套主管
302	徐　英	公用目录设置,总账(除审核凭证、出纳签字)	总账会计
303	孙子轩	现金管理,出纳签字	出纳

操作步骤：

(1)以系统管理员身份进入"系统管理"窗口,依次单击"权限""操作员"命令,打开"操作员管理"对话框。

(2)单击"增加"按钮,打开"增加操作员"对话框,输入编号"301"、姓名"陈挺"、口令及确认口令"111111"、所属部门"财务部",如图 1.3 所示。

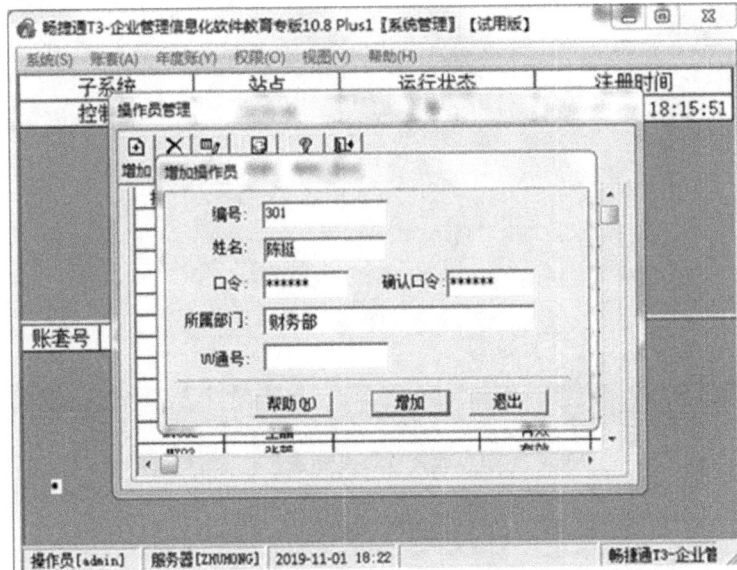

图 1.3　增加操作员示例

(3)单击"增加"按钮继续增加其他操作员。单击"退出"按钮则视为放弃本次操作。

技术支持：

●操作员编号是系统区分不同操作人员的唯一标志,所以必须输入。

●操作员姓名一般会出现在其处理的票据、凭证上,所以应记录其真实姓名,以便对其操作行为进行监督。

●口令是操作员进行系统注册时的密码,用于登录畅捷通系统进行账务处理,可由多个数字、字母及特殊符号构成。

●操作员一旦登录畅捷通系统进行业务操作,便不能被删除。但财务主管进入系统后,可以增减操作员。

(三)建立账套

【工作实例】

建立绍兴新力达有限责任公司账套。

1.账套信息

账套号：874

账套名称：绍兴新力达有限责任公司（采用默认账套路径）

启用会计日期：2019 年 11 月 1 日

会计期间设置：默认

2. 单位信息

单位名称：绍兴新力达有限责任公司（简称绍兴新力达）

单位地址：绍兴市越城区亚园路 816 号

法人代表：罗兰

邮政编码：312000

联系电话及传真：0575-71879979

税号：91330602M974703895

邮箱：www. xinlida@163. com. cn

3. 核算类型

该企业的记账本位币：人民币（RMB）

企业类型：工业

行业性质：小企业会计准则（2013 年）

账套主管：陈挺

选中"按行业性质预制科目"复选框。

4. 基础信息

该企业有外币核算，进行经济业务处理时，需要对存货、客户、供应商进行分类。

5. 分类编码方案

存货分类编码级次：222

客户和供应商分类编码级次：222

科目编码级次：42222

其余为默认。

6. 数据精度

该企业将存货数量、单价等保留 2 位小数。

操作步骤：

（1）以系统管理员身份进入"系统管理"窗口，依次单击"账套""建立"命令，打开"创建账套"中的"账套信息"对话框。

（2）输入账套信息，如图 1.4 所示。

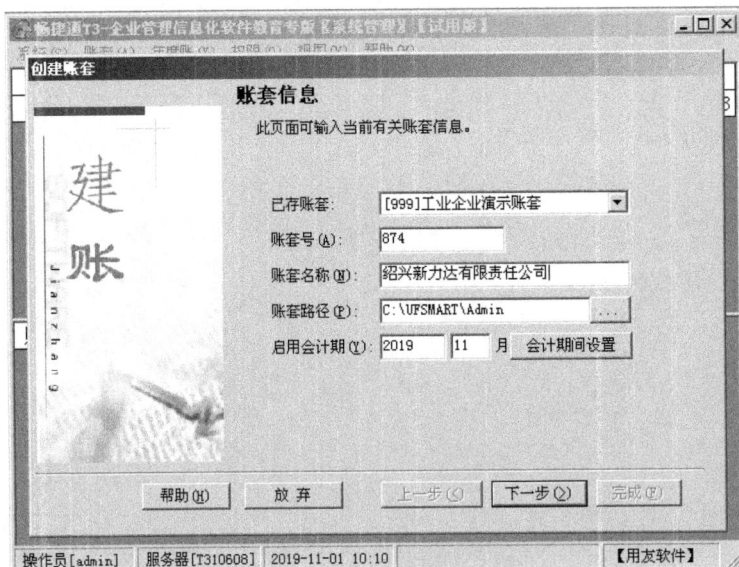

图 1.4　输入账套信息

（3）单击"下一步"按钮，打开"创建账套"中的"单位信息"对话框。

（4）输入单位信息，如图 1.5 所示。

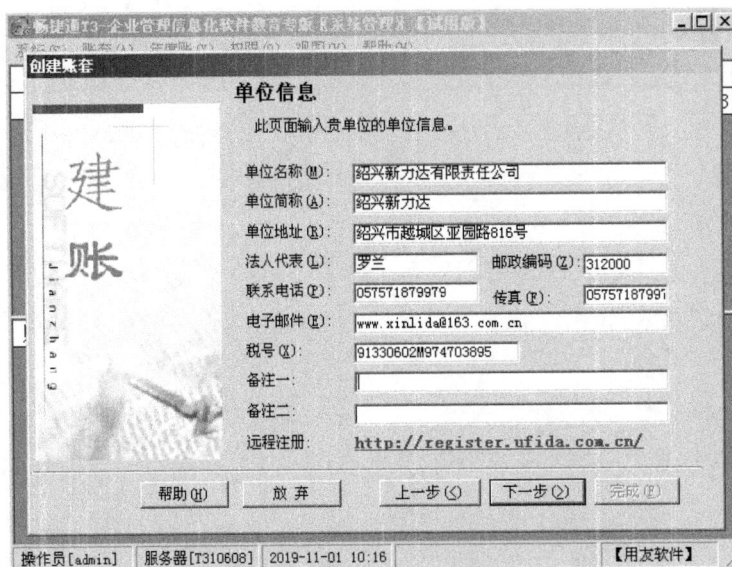

图 1.5　输入单位信息

（5）单击"下一步"按钮，打开"创建账套"中的"核算类型"对话框。

（6）输入核算类型，如图 1.6 所示。

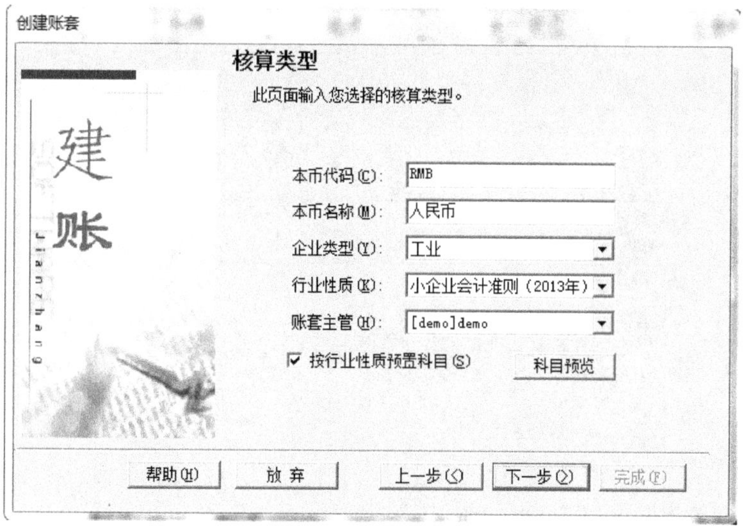

图 1.6　输入核算类型

（7）单击"下一步"按钮，打开"创建账套"中的"基础信息"对话框。

（8）设置基础信息，选中"存货是否分类""客户是否分类""供应商是否分类""有无外币核算"4 个复选框，如图 1.7 所示。

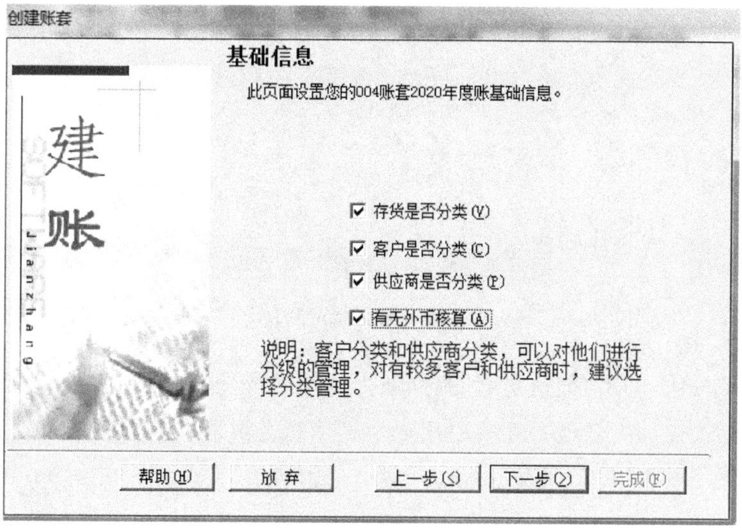

图 1.7　设置基础信息

（9）单击"完成"按钮，系统弹出"可以创建账套了吗?"信息提示框，在上面单击"是"按钮，稍后打开"分类编码方案"对话框。

（10）在"分类编码方案"对话框中按要求修改，如图 1.8 所示。

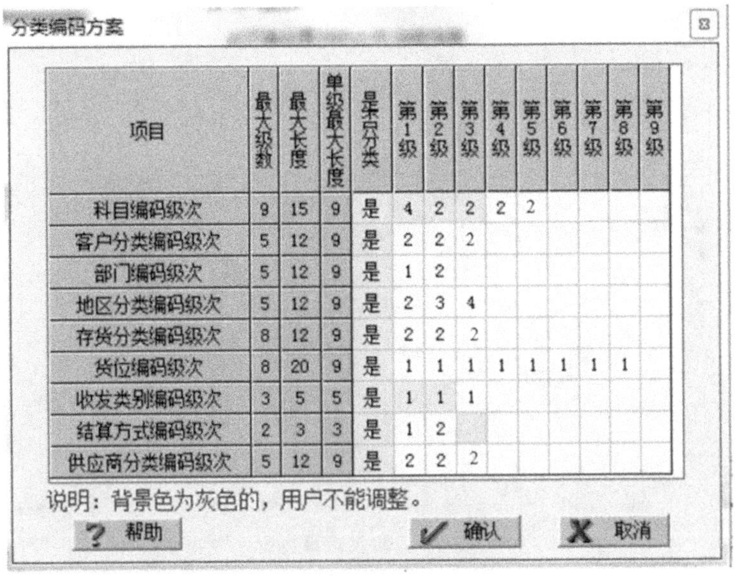

项目	最大级数	最大长度	单级最大长度	是否分类	第1级	第2级	第3级	第4级	第5级	第6级	第7级	第8级	第9级
科目编码级次	9	15	9	是	4	2	2	2	2				
客户分类编码级次	5	12	9	是	2	2	2						
部门编码级次	5	12	9	是	1	2							
地区分类编码级次	5	12	9	是	2	3	4						
存货分类编码级次	8	12	9	是	2	2	2						
货位编码级次	8	20	9	是	1	1	1	1	1	1	1	1	
收发类别编码级次	3	5	5	是	1	1	1						
结算方式编码级次	2	3	3	是	1	2							
供应商分类编码级次	5	12	9	是	2	2	2						

图 1.8　分类编码方案

(11)单击“确认”按钮，打开“数据精度定义”对话框，如图 1.9 所示。

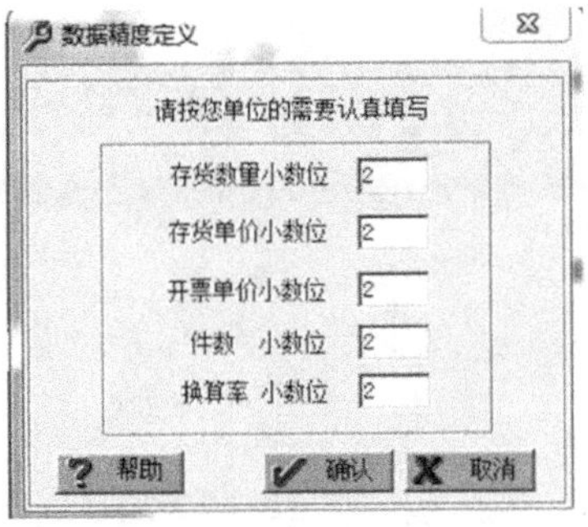

图 1.9　数据精度定义

(12)单击“确认”按钮，弹出“创建账套{绍兴新力达有限责任公司 874}成功”信息提示框。

(13)单击“确定”按钮，弹出“是否立即启用账套?”信息提示框。单击“否”按钮，则暂不启用账套。

(四)财务分工

【工作实例】

根据表 1.1 设置操作员的权限。

操作步骤：

(1)以系统管理员身份进入“系统管理”窗口，依次单击“权限”“权限”命令，打开“操作员权限”对话框。

(2)在左侧的操作员列表中选择“陈挺”，在最上行“账套主管”旁边的下拉列表框中选择“[874]绍兴新力达有限公司”账套。

（3）单击"账套主管"旁的"账套主管"复选框，会弹出"设置操作员：[301]账套主管权限吗?"信息提示框。单击"确定"，如图1.10所示。

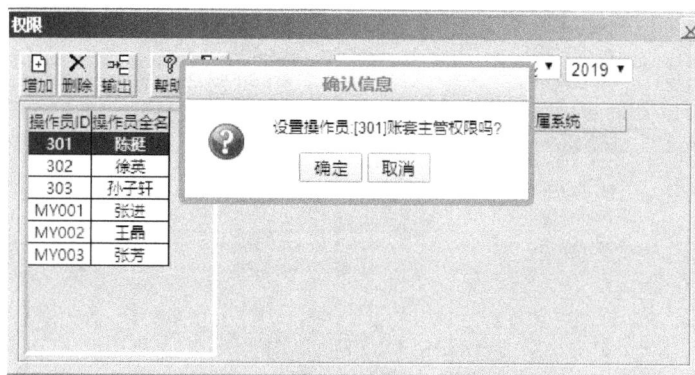

图 1.10

（4）在操作员权限界面中选择"徐英"，单击"增加"按钮，打开"增加权限—[302]"对话框。

（5）双击"产品分类选择"列表框中"公用目录设置""总账""工资""固定资产"左侧对应的"授权"框，变为蓝色表示选中。"明细权限选择"列表中显示已增加的权限。

（6）单击"确定"按钮返回，如图1.11所示。

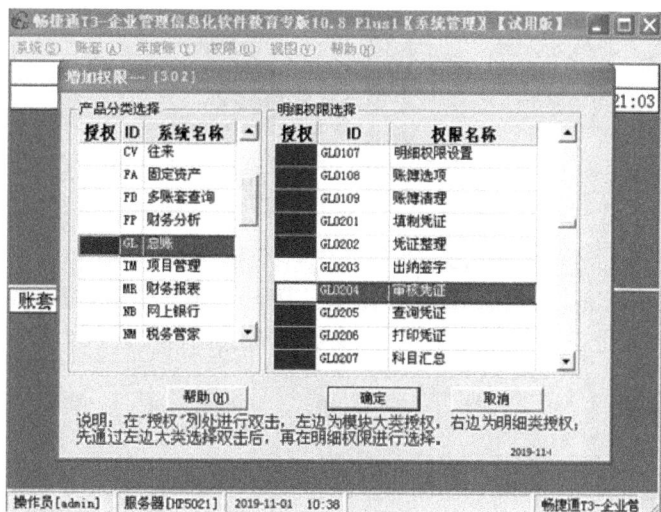

图 1.11　增加权限一

（7）同样，在操作员权限界面中选择"孙子轩"，单击"增加"按钮，打开"增加权限—[303]"对话框。

（8）单击"产品分类选择"列表框中的"总账"，"明细权限选择"列表会自动对应到总账的明细功能。双击"出纳签字"左侧对应的"授权"框，变为蓝色则表示选中，如图1.12所示。然后再双击"产品分类选择"列表框中"现金管理"左侧对应的"授权"框，如表1.13所示。

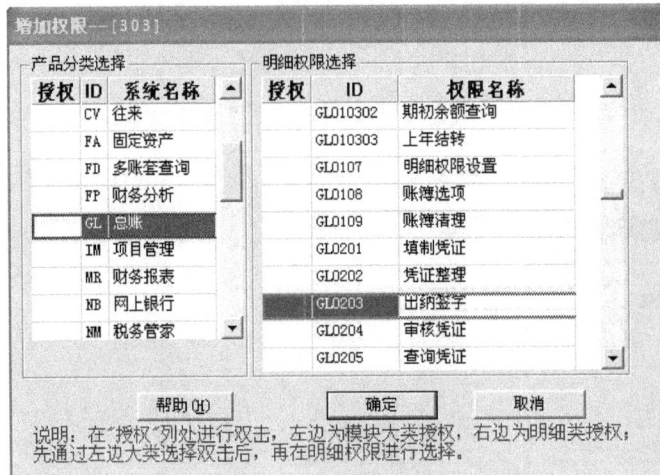

图 1.12　增加权限二

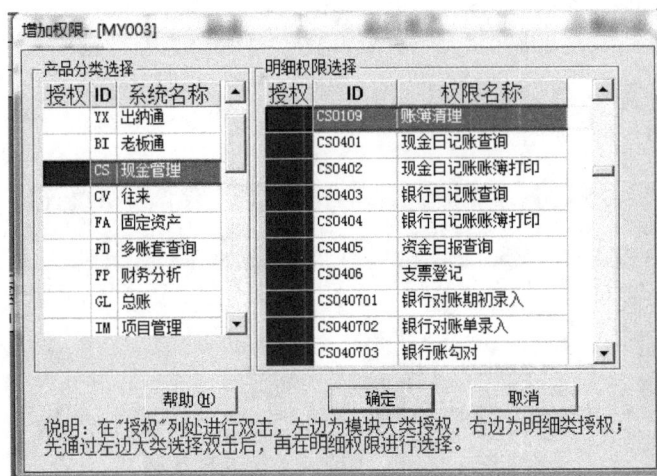

图 1.13　增加权限三

(9)单击"确定"按钮返回。

(五)启用账套

【工作实例】

由账套主管陈挺启用总账系统,启用日期为 2019 年 11 月 1 日。

操作步骤:

(1)在系统管理界面,依次单击"系统""注销"命令,注销当前登录的系统管理员。

(2)依次单击"系统""注册"命令,打开"注册【控制台】"对话框。

(3)在"用户名"对应的框内输入"301",密码为 111111,在"账套"下拉列表框中选择"[874]绍兴新力达有限责任公司","会计年度"为 2019,如图 1.14 所示。

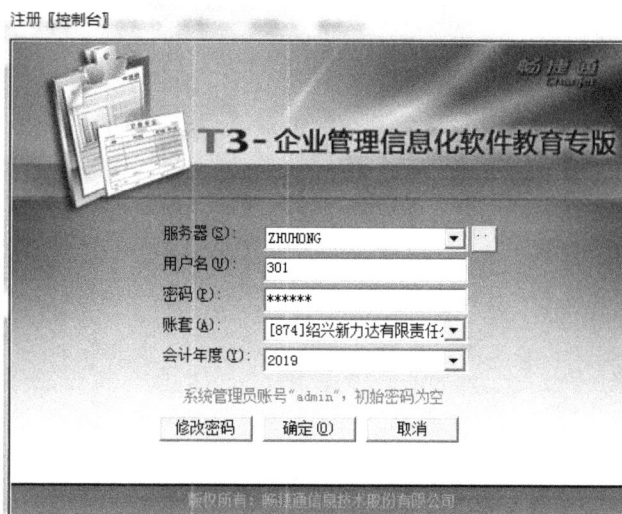

图 1.14 以账套主管身份注册进入"系统管理"窗口

(4)单击"确定"按钮,以账套主管的身份进入"系统管理"窗口。

(5)依次单击"账套""启用"命令,打开"系统启用"对话框。

(6)选择"总账"复选框,打开"日历"对话框,选择"2019 年 11 月 1 日"。

(7)单击"确定"按钮,如图 1.15 所示。

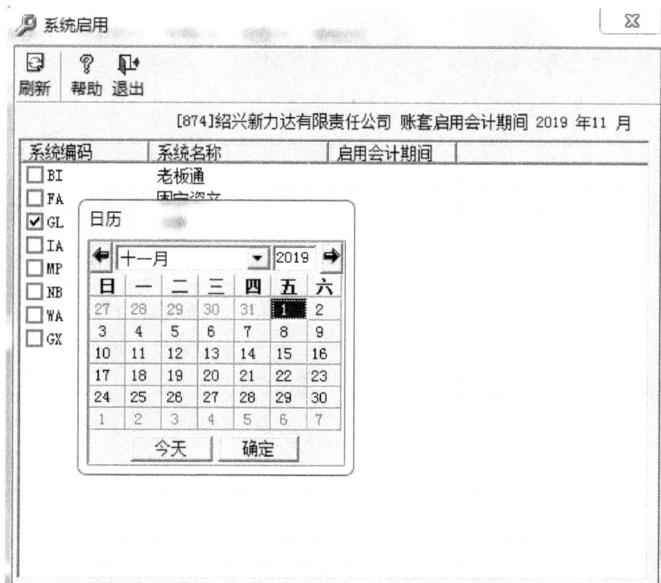

图 1.15 启用总账系统

(8)单击"是"按钮,完成系统启用设置。

技术支持:

●系统启用日期应不晚于账套启用日期。

●启用账套的另一个方式是在建立账套时直接启用。

项目二：基础档案设置

任务引例：

绍兴新力达有限责任公司建立账套后，需要将企业的供应商、客户、科目期初余额等数据输入账套中，完成绍兴新力达有限责任公司账套的期初档案设置。

知识准备与业务操作：

基础档案设置包括部门档案设置、职员档案设置、往来单位设置、外币设置、凭证类别设置、会计科目设置、结算方式设置、项目目录设置等。

（一）部门档案录入

【工作实例】

经过财务部整理，公司分为 6 个部门（见表 2.1），现要求账套主管陈挺将数据输入账套中。

表 2.1　公司部门情况

部门编码	部门名称
1	行政部
2	财务部
3	采购部
4	生产部
4-1	一车间
4-2	二车间
4-3	质检车间
5	销售部
5-1	本地销售部
5-2	外地销售部
6	仓管部

操作步骤：

(1)以账套主管的身份登录畅捷通系统,依次单击"基础设置""机构设置""部门档案"命令,进入"部门档案"窗口,如图 2.1、图 2.2 所示。

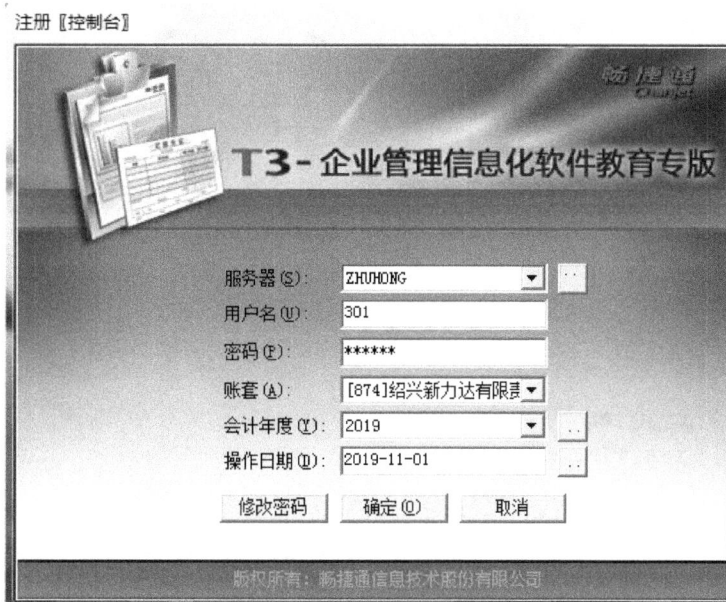

图 2.1　账套主管登录畅捷通系统

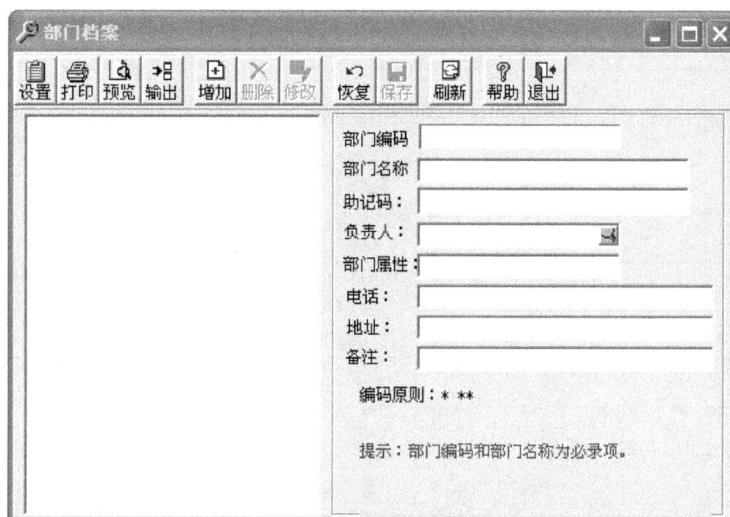

图 2.2　部门档案

(2)单击"增加"按钮,输入部门编码"1"和部门名称"行政部",如图 2.3 所示。

(3)单击"保存"。按照上述步骤增加表 2.1 中的其他部门。

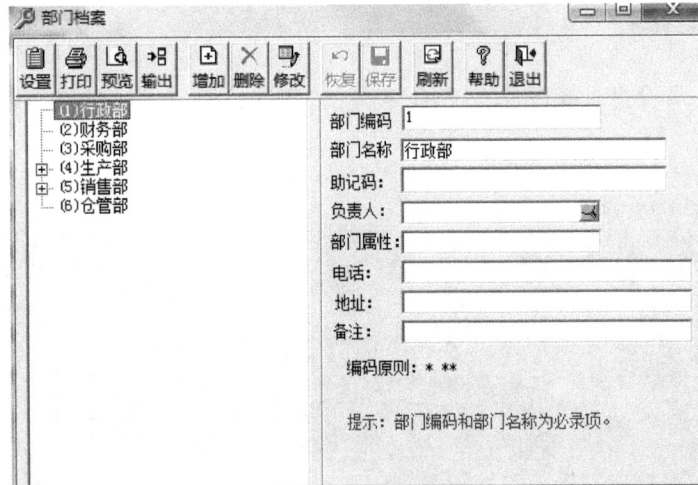

图 2.3　增加部门档案

（二）职员档案录入

【工作实例】

经过财务部整理,公司职员表如表 2.2 所示,现要求账套主管陈挺将数据输入账套中。

表 2.2　公司职员信息统计

职员编号	职员姓名	所属部门	职员属性
101	罗兰	行政部	总经理
102	周红	行政部	管理人员
201	陈挺	财务部	会计主管
202	徐英	财务部	会计
203	孙子轩	财务部	出纳
301	何武	采购部	管理人员
302	林飞	采购部	管理人员
401	李媚	一车间	管理人员
402	王雨	二车间	生产人员
403	朱玉	二车间	生产人员
404	赵玉	质检车间	生产人员
501	郭子涵	本地销售部	销售人员
502	李伟	本地销售部	销售人员
503	李立	外地销售部	销售人员
601	王浩宇	仓管部	管理人员
602	朱笑玮	仓管部	管理人员

操作步骤：

(1)在畅捷通系统界面中，依次单击"基础设置""机构设置""职员档案"命令，进入"职员档案"窗口。如图2.4所示。

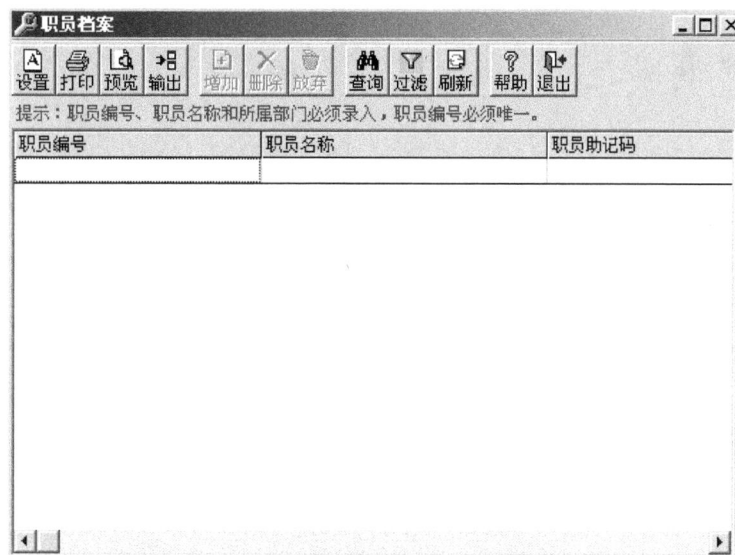

图2.4 "职员档案"窗口

(2)单击"增加"按钮，输入职员编号101，职员名称罗兰，双击"所属部门"，出现"参照"按钮。单击"参照"按钮，打开"部门参照"对话框，如图2.5所示，双击"行政部"返回（也可以直接输入部门名称或部门编码）。本行输入完成后，按回车键进入下一行，上一行内容自动保存。

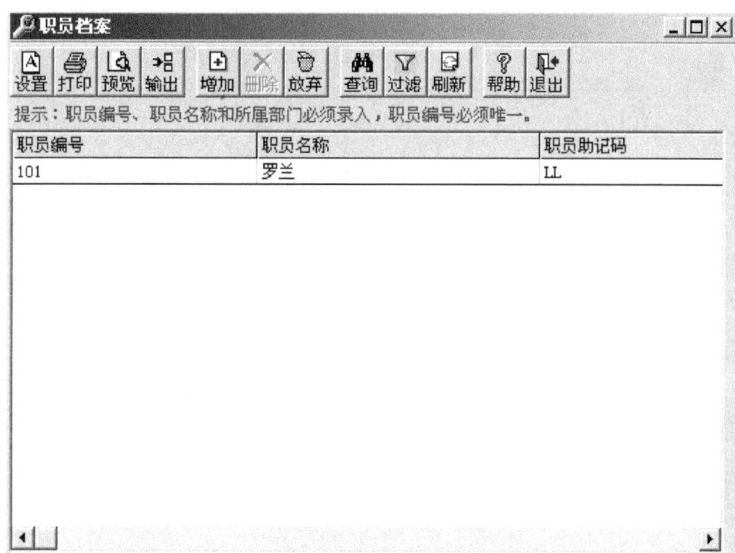

图2.5 增加职员档案

(3)按上述步骤继续输入表2.2中其他职员的信息。

技术支持:

●全部职员档案录入完成后,必须单击"增加"按钮,或按回车键增加新的空白行,才能保存最后一个职员的档案信息。

(三)客户分类录入

【工作实例】

经过财务部整理,客户分为两大类(如表2.3所示),现要求账套主管陈挺将数据输入账套中。

表 2.3　公司客户分类情况统计

客户分类	
类别编码	类别名称
01	省内
02	省外

操作步骤:

(1)在畅捷通系统主界面中,依次单击"基础设置""往来单位""客户分类"命令,进入"客户分类"窗口。

(2)建立客户分类,如图2.6所示。

图 2.6　建立客户分类

(四)客户档案录入

【工作实例】

经过财务部整理,客户档案如表2.4所示,现要求账套主管陈挺将数据输入账套中。

表2.4　公司客户信息统计

客户编码	客户名称	简称	所属分类码	税　号	开户银行	银行账号	地　址
001	杭州诺阳工贸有限公司	杭州诺阳	01	91330102M705987425	工行杭州上城区星融路支行	8037645500536644958	杭州上城区登阳路647号
002	温州福妙工贸有限公司	温州福妙	01	91330304M813177118	工行温州瓯海区普爱路支行	3846068924420622245	温州瓯海区纳文路138号
003	上海海仙骄贸易有限公司	上海海仙骄	02	91310105M402110227	工行上海市汇威路支行	5119973526396705861	上海市海建路932号

操作步骤:

(1)在畅捷通系统主界面中,依次单击"基础设置""往来单位""客户档案"命令,进入"客户档案"窗口。

(2)建立客户档案,如图2.7所示。

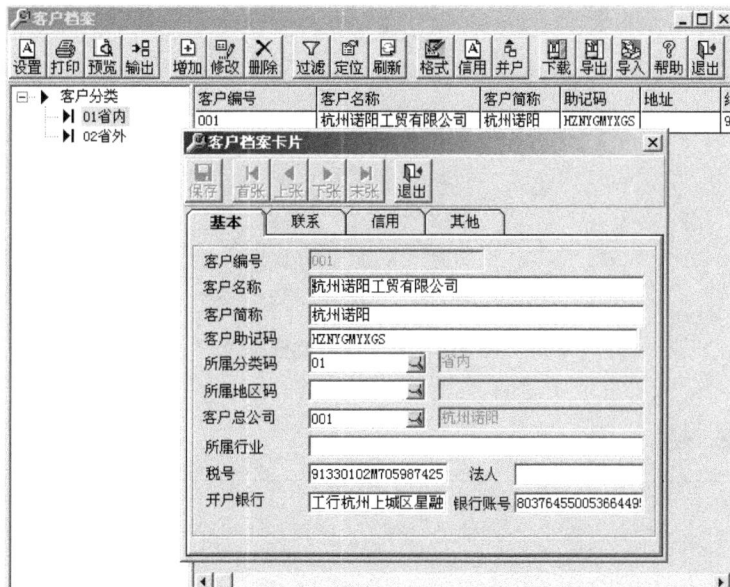

图2.7　建立客户档案

(五)供应商分类录入

【工作实例】

经过财务部整理,供应商分为两大类(如表 2.5 所示),现要求账套主管陈挺将数据输入账套中。

表 2.5　公司供应商分类情况统计

类别编码	类别名称
01	省内
02	省外

操作步骤:

(1)在畅捷通系统主界面中,依次单击"基础设置""往来单位""供应商分类"命令,进入"供应商分类"窗口。

(2)建立供应商分类,如图 2.8 所示。

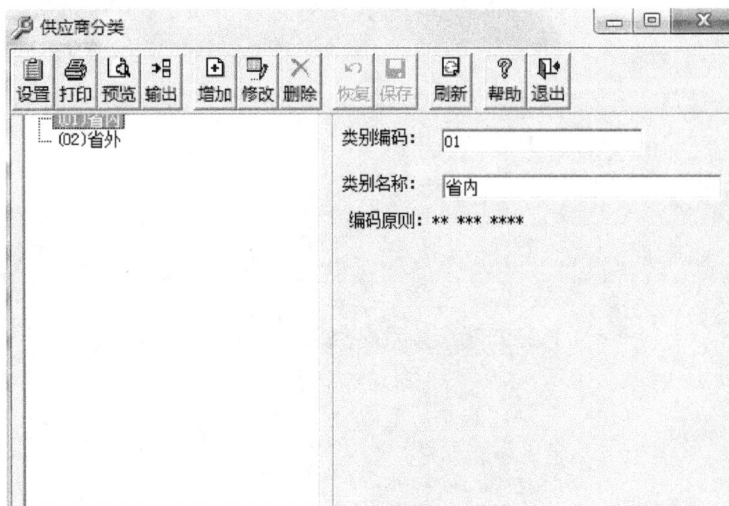

图 2.8　建立供应商分类

(六)供应商档案录入

【工作实例】

经过财务部整理,供应商档案如表 2.6 所示,现要求账套主管陈挺将数据输入账套中。

表 2.6 公司供应商信息统计

供应商编码	供应商名称	简称	所属分类码	税号	开户银行	银行账号	地址
001	绍兴飞妙工贸有限公司	绍兴飞妙	01	691330603M378541802	工行绍兴柯桥区晟林路支行	3762290378361599314	绍兴柯桥区伟易路 120 号
002	绍兴辉通工贸有限公司	绍兴辉通	01	91330602M642964782	工行绍兴越城区麦领路支行	6407429170514151316	绍兴越城区辰建路 162 号
003	绍兴兴仁有限责任公司	绍兴兴仁	01	91330602M415145852	工行绍兴越城区华齐路支行	6407129170512451326	绍兴越城区华齐路 852 号

操作步骤：

（1）在畅捷通系统主界面中，依次单击"基础设置""往来单位""供应商档案"命令，进入"供应商档案"窗口。

（2）建立供应商档案，如图 2.9 所示。

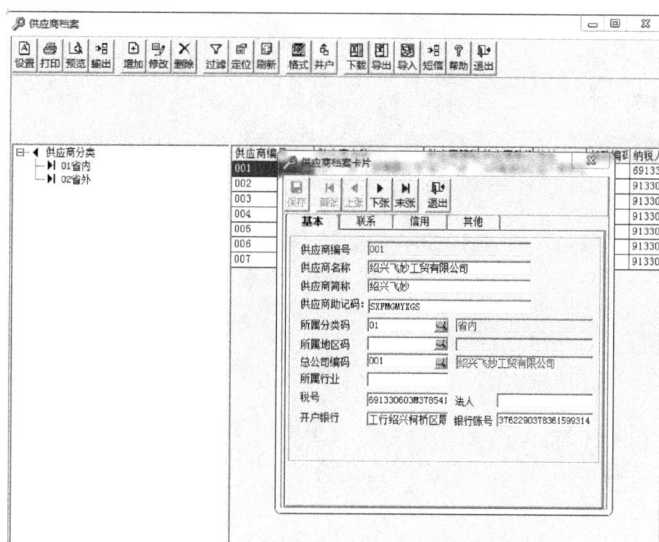

图 2.9 建立供应商档案

（七）外币设置

【工作实例】

绍兴新力达有限责任公司采用固定汇率核算外币，外币只涉及美元一种，美元符号为"＄"，2019年 11 月 1 日的汇率为 7.03790。

操作步骤：

(1)在畅捷通系统主界面,依次单击"基础设置""财务""外币种类"命令,进入"外币设置"窗口。

(2)输入币符＄,币名美元,其他项目采用默认值,单击"确定"按钮。

(3)输入 2019 年 11 月初的记账汇率 7.03790,然后按回车键确认,如图 2.10 所示。

图 2.10　外币设置

(4)单击"退出"按钮,完成外币设置。

(八)凭证类别设置

【工作实例】

绍兴新力达有限责任公司采用通用记账凭证核算企业业务。

操作步骤：

(1)在畅捷通系统主界面中,依次单击"基础设置""财务""凭证类别"命令,打开"凭证类别预置"对话框。

(2)选中"记账凭证"单选框,如图 2.11 所示。再单击"确定"按钮。

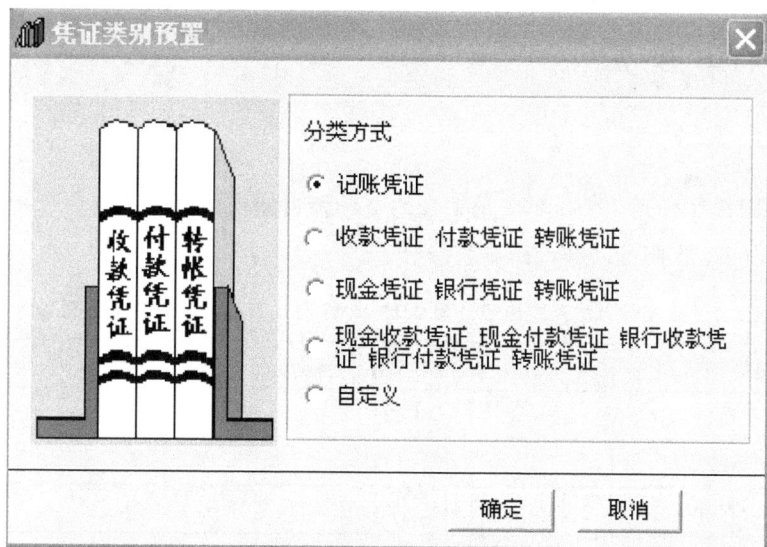

图 2.11 凭证类别预置

（3）单击"退出"按钮，完成凭证类别设置，如图 2.12 所示。

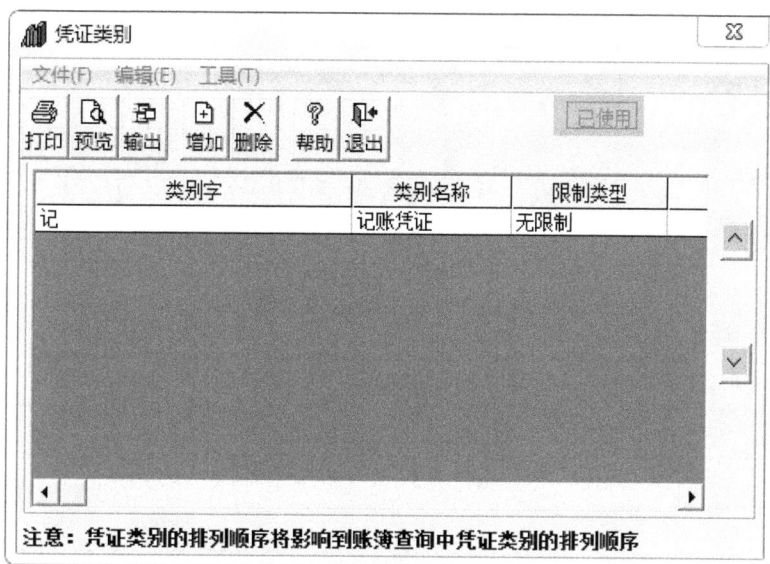

图 2.12 凭证类别设置

知识准备与业务操作：

由于在建立账套时系统提供了按所选行业性质预制科目的功能，如果我们选择预制科目，那么系统内就已预置了行业一级科目和部分二级科目，所以企业只需根据自己的需要删减或者修改会计科目。

(九)会计科目设置

【工作实例】

绍兴新力达有限责任公司2019年11月1日的会计科目期初余额表如表2.7所示,根据系统预置科目和表2.7所示科目,我们可以进行删减或修改。

表2.7 绍兴新力达有限责任公司2019年11月1日会计科目期初余额统计

代码	科目名称	辅助核算	方向	金额/元
1001	库存现金	日记账	借	49 000
1002	银行存款		借	2 096 700
100201	工行存款	日记账/银行账	借	2 026 321
100202	工行存款(美元户)	日记账/银行账	借	70 379
1012	其他货币资金			
101201	银行本票存款			
1101	短期投资			
1121	应收票据	客户往来 (2019-09-05 温州福妙 销售商品)	借	226 000
1122	应收账款	客户往来 (2018-10-10 上海海仙骄 销售产品)	借	565 000
1123	预付账款	供应商往来	借	
1131	应收股息			
1221	其他应收款		借	
122101	个人借款	个人往来	借	
1402	在途物资			
140201	已梳皮棉	数量金额式(包)	借	
140202	毛纱	数量金额式(千克)	借	
140203	麻纤维原料	数量金额式(千克)	借	
1403	原材料			186 000
140301	已梳皮棉	数量金额式(包)	借	96 000 数量:2 000 包 单价:48 元/包
140302	毛纱	数量金额式(千克)	借	30 000 数量:1 500 千克 单价:20 元/千克
140303	麻纤维原料	数量金额式(千克)	借	60 000 数量:3 000 千克 单价:20 元/千克

代码	科目名称	辅助核算	方向	金额/元
1405	库存商品		借	960 000
140501	台布(桌布)	数量金额式(套)	借	960 000 数量:8 000 套 成本:120 元/套
1601	固定资产		借	588 500
1602	累计折旧		贷	198 050
1603	工程物资		借	
1604	在建工程		借	
1606	固定资产清理		借	
1701	无形资产		借	200 000
170101	专利权		借	160 000
170102	非专利技术		借	40 000
1702	累计摊销		贷	100 000
2001	短期借款		贷	80 000
2201	应付票据		贷	
2202	应付账款	供应商往来 (2019-10-31　绍兴兴仁　采购材料)	贷	339 000
2211	应付职工薪酬		贷	
221101	应付职工工资		贷	
221102	应付奖金、津贴和补贴		贷	
221103	应付福利费		贷	
221104	应付社会保险费		贷	
221105	应付住房公积金		贷	
221106	应付工会经费		贷	
221107	应付教育经费		贷	
221108	非货币性福利		贷	
221109	辞退福利		贷	
221110	其他应付职工薪酬		贷	
2221	应交税费			
222101	应交增值税			
22210101	进项税额			
22210102	销项税额			
222102	应交教育费附加		贷	
222103	应交城建税			

代码	科目名称	辅助核算	方向	金额/元
222106	未交增值税		贷	38 150
222109	个人所得税		贷	
2231	应付利息		贷	
2241	其他应付款		贷	
224101	养老保险金		贷	
224102	失业保险金		贷	
224103	医疗保险金		贷	
224104	押金		贷	
224105	住房公积金		贷	
224106	其他扣款		贷	
2501	长期借款		贷	400 000
3001	实收资本		贷	2 796 000
3002	资本公积		贷	400 000
3101	盈余公积		贷	250 000
310101	法定盈余公积		贷	250 000
310102	任意盈余公积		贷	
3103	本年利润		贷	70 000
3104	利润分配		贷	200 000
310401	其他转入			
310402	提取法定盈余公积			
310403	提取任意盈余公积			
310404	应付现金股利			
310405	未分配利润		贷	200 000
4001	生产成本		借	
400101	台布(桌布)	项目核算	借	
4101	制造费用		借	
410101	办公费	部门核算	借	
410102	工资及福利费		借	
410103	折旧费		借	
410104	材料费		借	
410105	水费		借	
5001	主营业务收入		贷	
500101	台布(桌布)	项目核算	贷	

代码	科目名称	辅助核算	方向	金额/元
5051	其他业务收入		贷	
5301	营业外收入		贷	
5401	主营业务成本		借	
540101	台布(桌布)		借	
5402	其他业务成本		借	
5403	税金及附加		借	
540301	城市建设税		借	
540302	教育费附加		借	
5601	销售费用		借	
560101	商品维修费		借	
560102	广告费		借	
560103	业务宣传费		借	
560104	交通费		借	
560105	通信费		借	
560106	业务招待费		借	
560107	工资及福利费		借	
560108	差旅费	个人往来	借	
560109	办公费		借	
560110	折旧费		借	
560111	材料费		借	
560112	无形资产摊销		借	
560113	保险费		借	
5602	管理费用		借	
560201	开办费			
560202	业务招待费			
560203	研究费用			
560204	交通费			
560205	通信费			
560206	水电费			
560207	房屋租赁费			
560208	员工活动费			
560209	工资及福利费			
560210	折旧			

代码	科目名称	辅助核算	方向	金额/元
560211	无形资产摊销			
560212	差旅费	个人往来	借	
560213	办公费		借	
560214	材料费		借	
560215	保险费		借	
560216	退休费		借	
5603	财务费用		借	
560301	利息		借	
5711	营业外支出		借	

操作步骤：

1.增加会计科目

(1)在畅捷通系统主界面中，依次单击"基础设置""财务""会计科目"命令，进入"会计科目"窗口。

(2)单击"增加"按钮，打开"会计科目_新增"对话框，如图2.13所示。

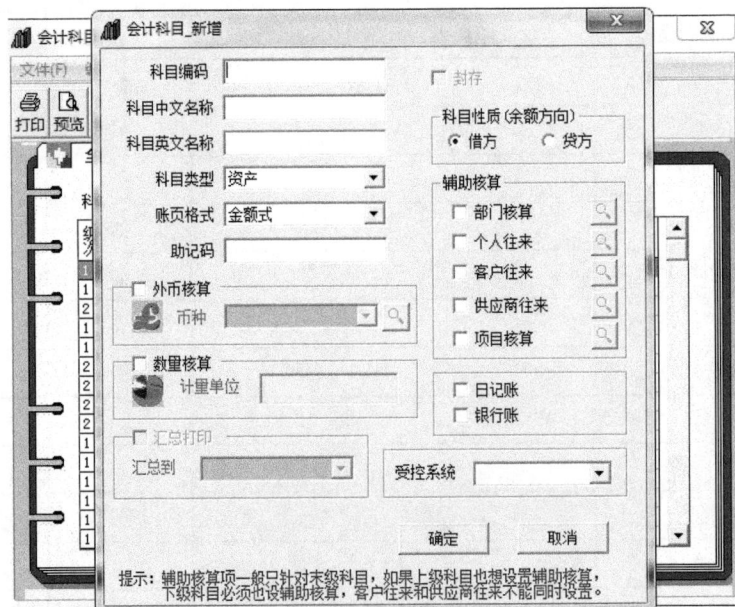

图2.13　新增会计科目

2.修改会计科目

(1)在"会计科目"窗口中，单击"资产"选项，再双击要修改的科目，打开"会计科目_修改"对话框。

(2)单击"修改"按钮，选择对应的选项。

3.指定会计科目

(1)在"会计科目"窗口中，依次单击"编辑""指定科目"命令，打开"指定科目"对话框。

(2)选中"现金总账科目"单选框,从"待选科目"列表框中选择"1001 库存现金",单击">"按钮,将"库存现金"添加到"已选科目"列表中。如图 2.14 所示。

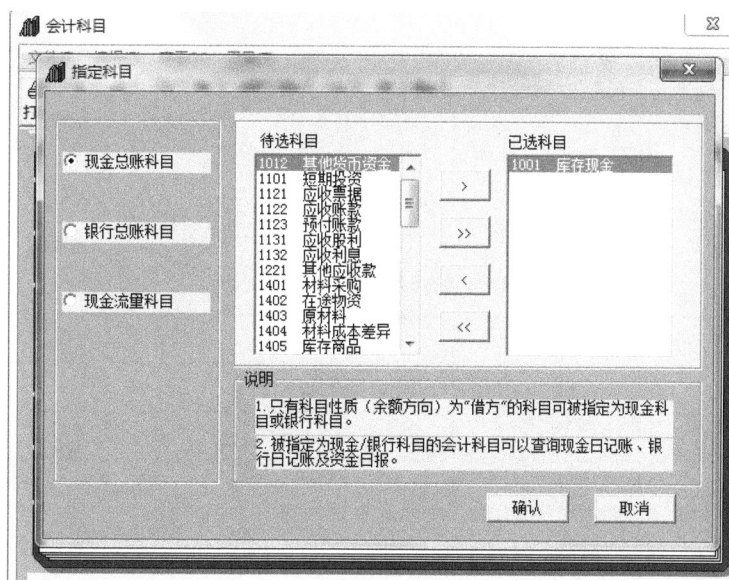

图 2.14 指定现金总账科目

(3)同理,将"银行存款"设置为"银行总账科目",如图 2.15 所示。

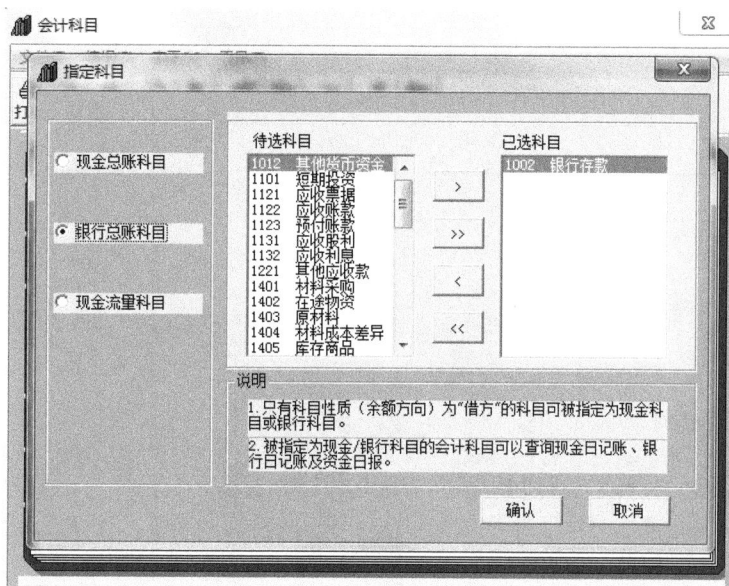

图 2.15 指定银行总账科目

(4)单击"确认"按钮保存。

技术支持:

●操作员增减会计科目和输入期初余额时候,必须先将会计科目输入正确后,再输入期初余额。

●指定会计科目是指定出纳的专管科目,一般指库存现金科目和银行存款科目,指定科目后,才能执行出纳签字程序,从而实现现金、银行管理的保密性,才能查看现金、银行存款日记账。

(十)结算方式设置

【工作实例】

绍兴新力达有限责任公司结算方式如表 2.8 所示,要求设置结算方式。

表 2.8 公司结算方式情况统计

结算方式编码	结算方式名称
1	支票
101	现金支票
102	转账支票
2	商业汇票
201	银行承兑汇票
202	商业承兑汇票
3	委托收款
4	汇兑
401	电汇
402	信汇
5	其他

操作步骤:

(1)在畅捷通系统主界面中,依次单击"基础设置""收付结算""结算方式"命令,进入"结算方式"窗口。

(2)按要求输入企业常用结算方式,如图 2.16 所示。

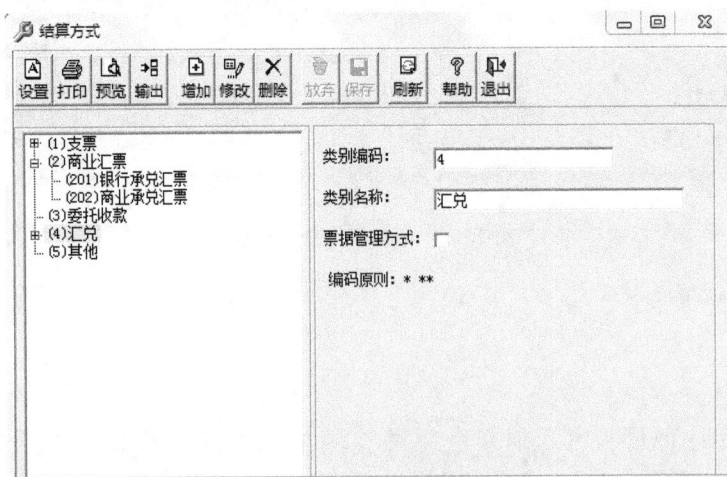

图 2.16 结算方式定义

(十一)项目目录设置

【工作实例】

绍兴新力达有限责任公司经营1种产品——台布(桌布),该产品为自行开发产品。

操作步骤:

(1)在畅捷通系统主界面中,依次单击"基础设置""财务""项目目录"命令,进入"项目档案"窗口。

(2)单击"增加"按钮,打开"项目大类定义_增加"对话框。

(3)输入新项目大类名称商品,选择新项目大类的属性"普通项目",如图 2.17 所示。

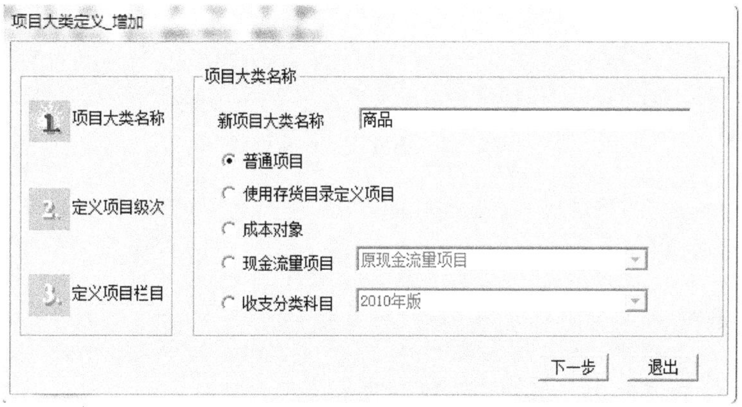

图 2.17 新增项目大类

(4)单击"下一步"按钮,打开"定义项目级次"对话框,设定项目级次——一级 1 位,如图 2.18 所示。

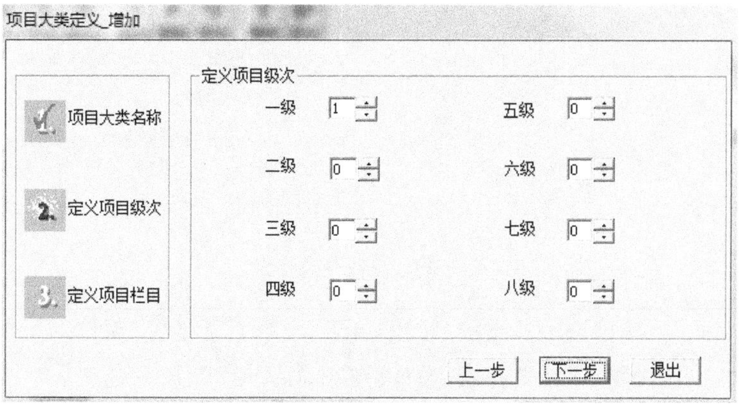

图 2.18 定义项目级次

(5)单击"下一步"按钮,打开"定义项目栏目"对话框,取系统默认设置,不做修改。

(6)单击"完成"按钮,返回"项目档案"窗口。

(7)从"项目大类"下拉列表框中选择"商品",单击" ≫ "按钮,将全部待选科目选择为按商品项目大类核算的科目,然后单击"确定"按钮保存。如图 2.19 所示。

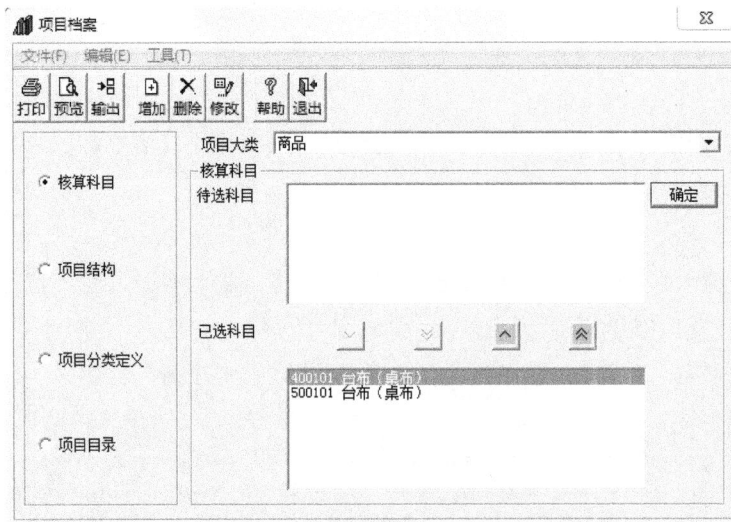

图 2.19 选择项目核算科目

(8)选择"项目分类定义"单选框,输入分类编码"1",分类名称"自制",然后单击"确定"按钮,按回车键保存,如图 2.20 所示。

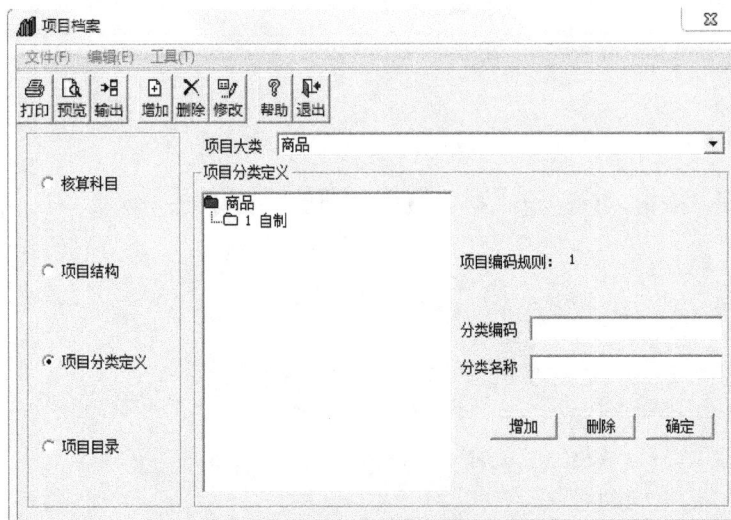

图 2.20 项目分类定义

(9)选择"项目目录"单选框,单击"维护"按钮,进入"项目目录维护"窗口。

(10)单击"增加"按钮,输入项目名称"台布(桌布)",如图 2.21 所示。

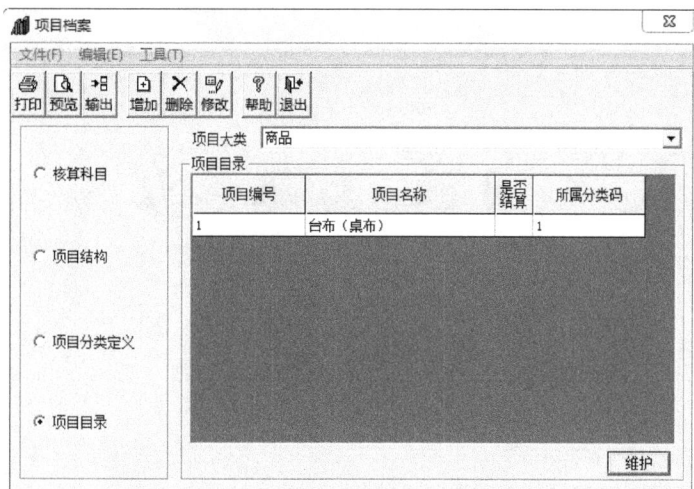

图 2.21 项目分类维护

(十二)开户银行设置

【工作实例】

绍兴新力达有限责任公司的开户行是工行绍兴越城区佰馨路支行,账户为9725810218179975058。

操作步骤：

(1)在畅捷通系统主界面中,依次单击"基础设置""收付结算""开户银行"命令,进入"开户银行"窗口。

(2)在"开户银行"窗口输入编号"1",开户银行"工行绍兴越城区佰馨路支行",银行账号"9725810218179975058",按回车键增加下一行,上一行内容自动保存,如图 2.22 所示。

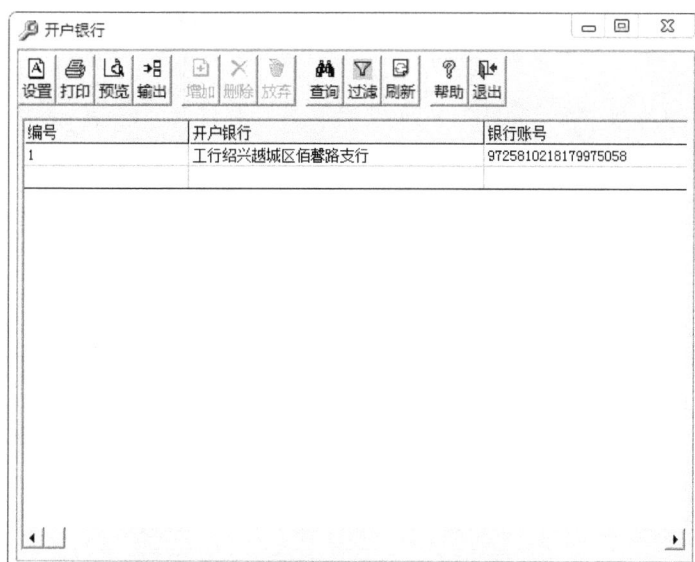

图 2.22 开户银行设置

项目三：总账管理

任务引例：

绍兴新力达有限责任公司账套建立后,需要将财务的有关数据输入账套中,并且从 11 月份开始,新的经济业务已经发生,要在系统中处理会计业务。

知识准备与业务操作：

总账系统管理的主要功能包括初始设置、凭证管理、出纳管理、账簿管理、辅助核算管理和期末处理等。

(一)总账系统参数设置

【工作实例】

绍兴新力达有限责任公司要求出纳凭证必须经由出纳签字,支票控制,小数位数为"2",部门、个人、项目排序方式为"按编码排序",凭证、账簿套打。

操作步骤：

(1)以账套主管身份登录"畅捷通 T3-企业管理信息化软件教育专版"工作窗口,单击"总账"选项,显示总账系统应用流程,如图 3.1 所示。

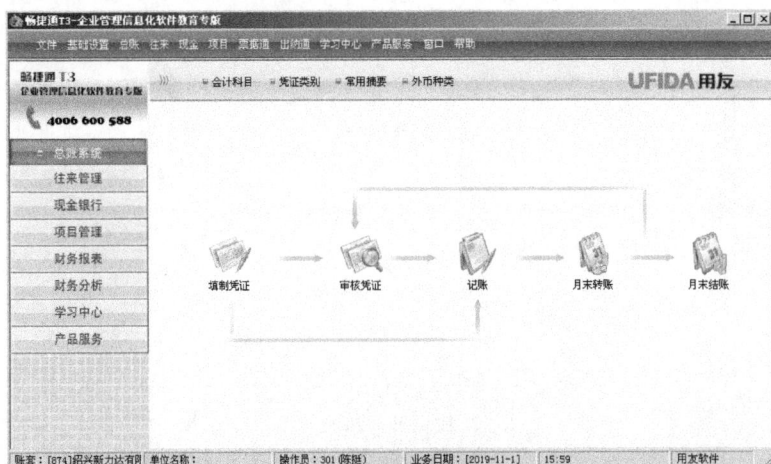

图 3.1 总账系统应用流程

（2）依次单击"总账""设置""选项"命令,打开"选项"对话框。"选项"对话框中包括"凭证""账簿""会计日历""其他"4 个选项卡。

（3）单击"凭证"选项卡,选中"出纳凭证必须经由出纳签字"和"支票控制"复选框,如图 3.2 所示。

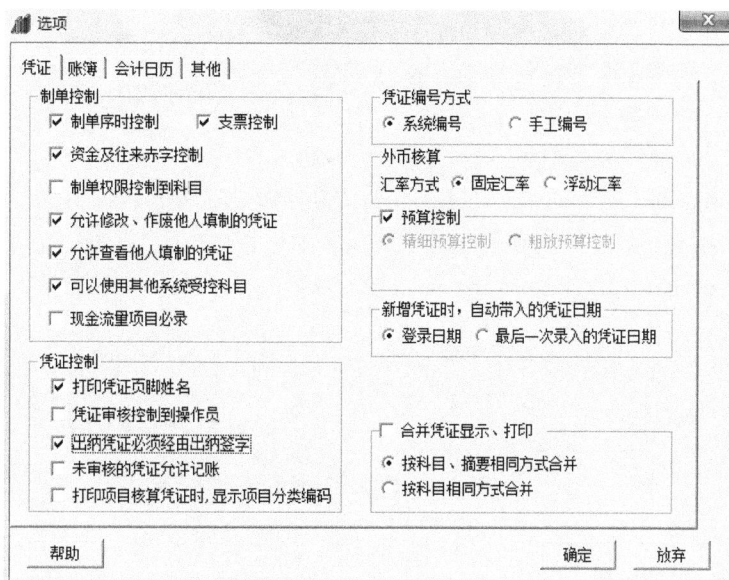

图 3.2　总账选项一

（4）单击"账簿"选项卡,选中"凭证、账簿套打"复选框,如图 3.3 所示。

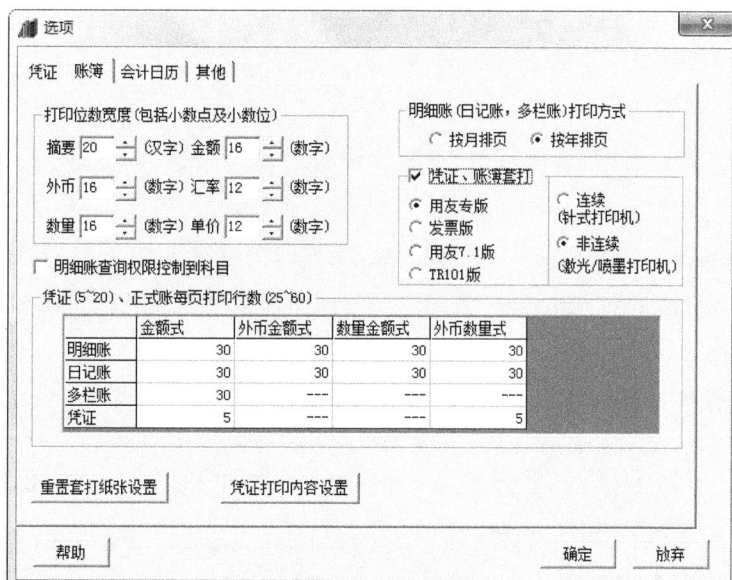

图 3.3　总账选项二

（5）单击"其他"选项卡,修改数量小数位数为"2",设置部门、个人、项目排序方式为"按编码排序",如图 3.4 所示。

33

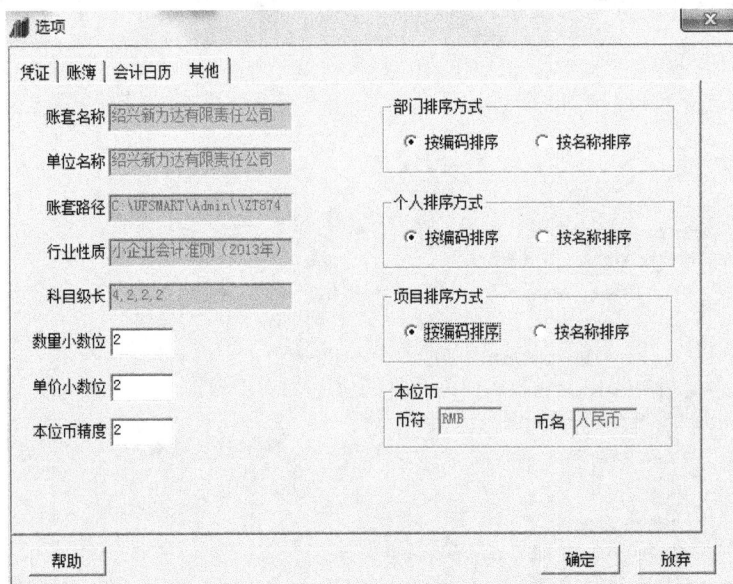

图 3.4　其他选项设置

（二）期初余额设置

【工作实例】

绍兴新力达有限责任公司期初余额如表 2.7 所示。

操作步骤：

（1）在畅捷通系统主界面中，依次单击"总账""设置""期初余额"命令，进入"期初余额表录入"窗口。

（2）单击"库存现金期初余额"栏，输入相应的数字，按回车键确认，数字自动靠右对齐。

（3）期初余额输入完成后，单击"试算"按钮，打开"期初试算平衡表"对话框，如图 3.5 所示。试算平衡后，单击"退出"按钮。

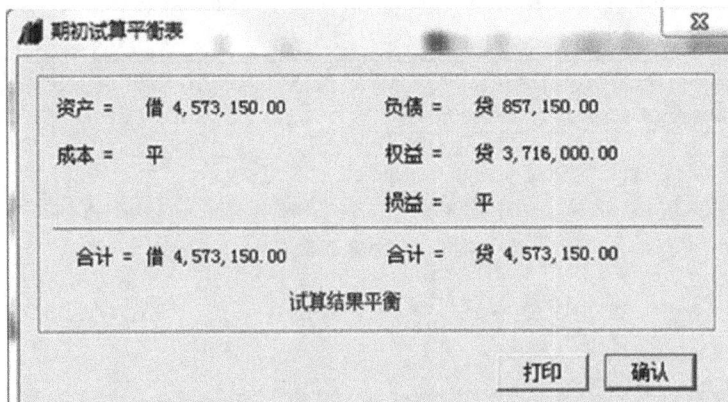

图 3.5　录入末级科目期初余额

技术支持:

●若是红字余额时,先输入“—”号。

●需要删除余额时,输入“0”即可。

●凭证一经记账,期初余额变为浏览只读状态,不能再修改。

●对于有辅助项的科目,需要填写往来辅助项。

(三)总账日常业务处理

【工作实例】

以“302 徐英”的身份登录畅捷通,填制凭证。绍兴新力达有限责任公司 2019 年 11 月发生的经济业务如下。(若业务中出现新的客户或供应商等,请自行增加相关信息)

(1)借入短期借款。

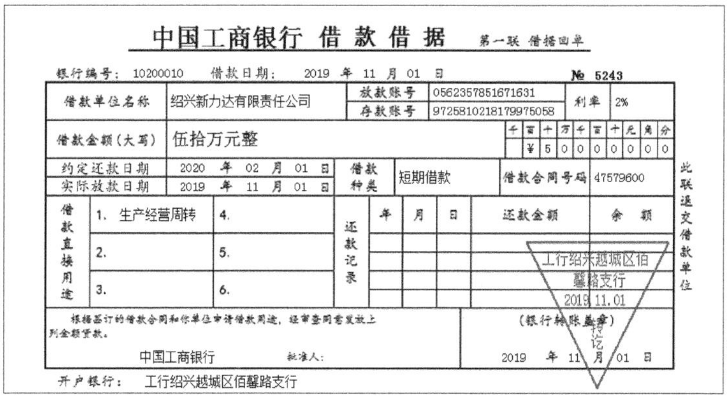
中国工商银行 借款借据 第一联 借据回单

银行编号: 10200010 借款日期: 2019 年 11 月 01 日 № 5243

借款单位名称	绍兴新力达有限责任公司	放款账号	0562357851671631	利率	2%
		存款账号	9725810218179975058		
借款金额(大写)	伍拾万元整	千百十万千百十元角分	¥ 5 0 0 0 0 0 0 0		
约定还款日期	2020 年 02 月 01 日	借款种类	短期借款	借款合同号码	47579600
实际放款日期	2019 年 11 月 01 日				
借款直接用途	1. 生产经营周转	4.	还款记录	年 月 日	还款金额 余额
	2.	5.			
	3.	6.			

根据签订的借款合同和你单位申请借款用途,经审查同意发放上列金额贷款。

中国工商银行 批准人:

(银行转账盖章) 2019 年 11 月 01 日

工行绍兴越城区佰馨路支行 2019.11.01 转讫

此联退交借款单位

开户银行: 工行绍兴越城区佰馨路支行

图 3.6 借据回单

(2)提取备用金。

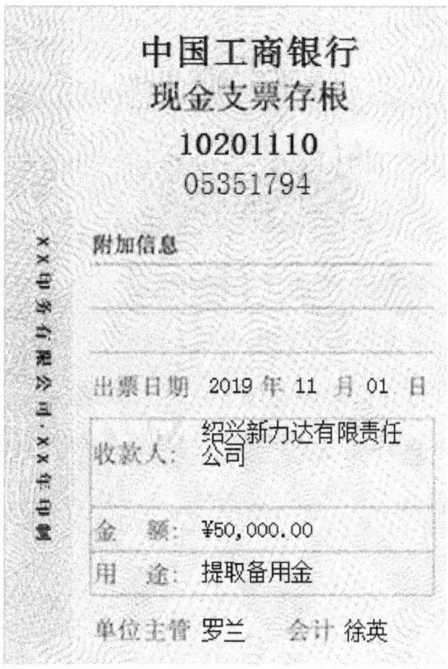
中国工商银行

现金支票存根

10201110

05351794

××印务有限公司·××年印制

附加信息

出票日期 2019 年 11 月 01 日

收款人: 绍兴新力达有限责任公司

金 额: ¥50,000.00

用 途: 提取备用金

单位主管 罗兰 会计 徐英

图 3.7 现金支票存根

(3)缴存现金。

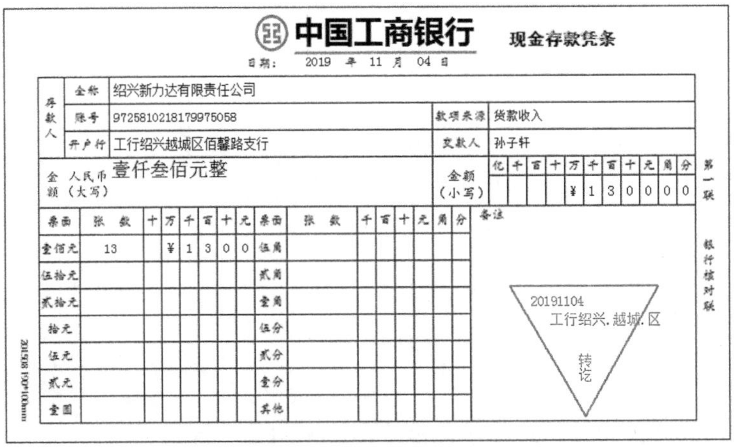
中国工商银行 现金存款凭条

日期：2019 年 11 月 04 日

存款人	全称	绍兴新力达有限责任公司		
	账号	9725810218179975058	款项来源	货款收入
	开户行	工行绍兴越城区佰馨路支行	交款人	孙子轩
金额	人民币（大写）	壹仟叁佰元整	金额（小写）	¥130000

券面	张数	金额	券面	张数	金额
壹佰元	13	¥1300	伍角		
伍拾元			贰角		
贰拾元			壹角		
拾元			伍分		
伍元			贰分		
贰元			壹分		
壹圆			其他		

备注：20191104 工行绍兴.越城.区 转讫

第一联 银行核对联

图 3.8　现金存款凭条

(4)购入材料。

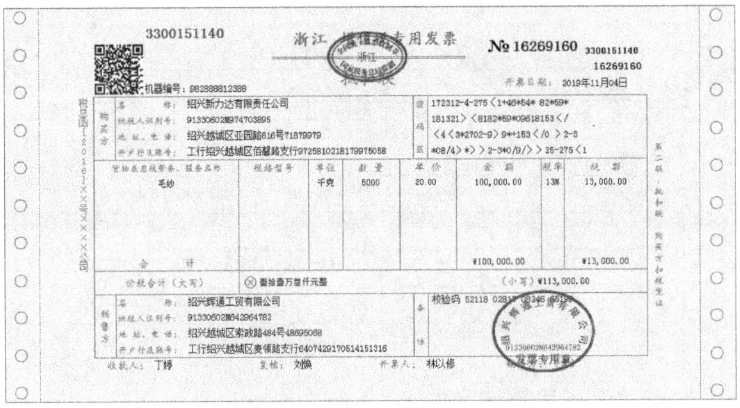
3300151140　浙江增值税专用发票　№ 16269160　3300151140　16269160

抵扣联　机器编号：982888812388　开票日期：2019年11月04日

购买方　名称：绍兴新力达有限责任公司　纳税人识别号：91330602M974703895　地址、电话：绍兴越城区亚园路816号71879979　开户行及账号：工行绍兴越城区佰馨路支行9725810218179975058

密码区：172312-4-275<1+46*54* 82*59* 181321><8182*59*09618153</ <4<3*2702-9>9*+153</0 >2-3 *08/4>*>>2-3*0/9/>>25-275<1

货物或应税劳务、服务名称	规格型号	单位	数量	单价	金额	税率	税额
毛纱		千克	5000	20.00	100,000.00	13%	13,000.00
合计					¥100,000.00		¥13,000.00

价税合计（大写）ⓧ壹拾壹万叁仟元整　（小写）¥113,000.00

销售方　名称：绍兴辉通工贸有限公司　纳税人识别号：91330602M642964782　地址、电话：绍兴越城区索政路484号48695068　开户行及账号：工行绍兴越城区麦领路支行6407429170514151316

备注：校验码 52118 02817 08246 65196

收款人：丁婷　复核：刘焕　开票人：林以修

第二联：抵扣联　购买方扣税凭证

图 3.9　购买材料发票(抵扣联)

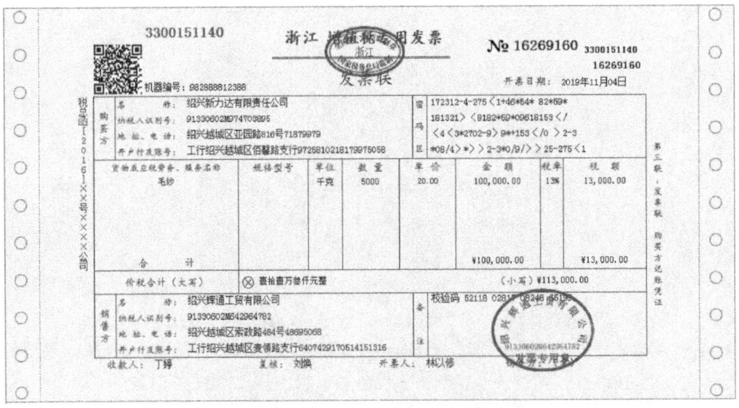
3300151140　浙江增值税专用发票　№ 16269160　3300151140　16269160

发票联　机器编号：982888812388　开票日期：2019年11月04日

购买方　名称：绍兴新力达有限责任公司　纳税人识别号：91330602M974703895　地址、电话：绍兴越城区亚园路816号71879979　开户行及账号：工行绍兴越城区佰馨路支行9725810218179975058

货物或应税劳务、服务名称	规格型号	单位	数量	单价	金额	税率	税额
毛纱		千克	5000	20.00	100,000.00	13%	13,000.00
合计					¥100,000.00		¥13,000.00

价税合计（大写）ⓧ壹拾壹万叁仟元整　（小写）¥113,000.00

销售方　名称：绍兴辉通工贸有限公司　纳税人识别号：91330602M642964782　地址、电话：绍兴越城区索政路484号48695068　开户行及账号：工行绍兴越城区麦领路支行6407429170514151316

收款人：丁婷　复核：刘焕　开票人：林以修

第三联：发票联　购买方记账凭证

图 3.10　购买材料发票(发票联)

图 3.11 转账支票存根(购买材料)

(5)票据贴现。

图 3.12 贴现凭证

(6)预借差旅费。

图 3.13 借款单(预借差旅费)

（7）支付前欠货款。

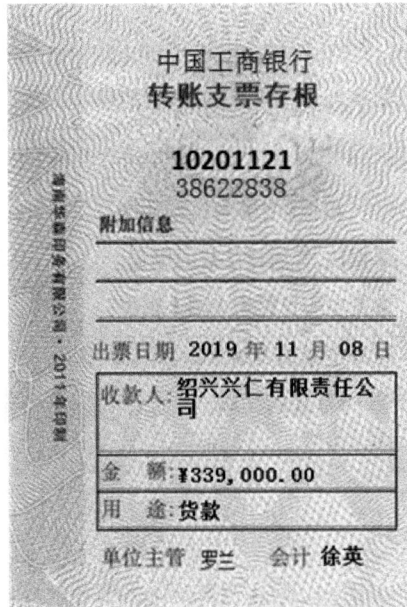

图 3.14 转账支票存根（支付欠货款）

（8）支付广告费。

图 3.15 支付广告费发票（抵扣联）

图 3.16 支付广告费发票（发票联）

图 3.17 转账支票存根(支付广告费)

(9)收取押金。

图 3.18 收款收据(收取押金)

(10)购入原材料。

图 3.19 购买原材料发票(抵扣联)

图 3.20　购买原材料发票(发票联)

图 3.21　转账支票存根(购买原材料)

(11)缴纳增值税。

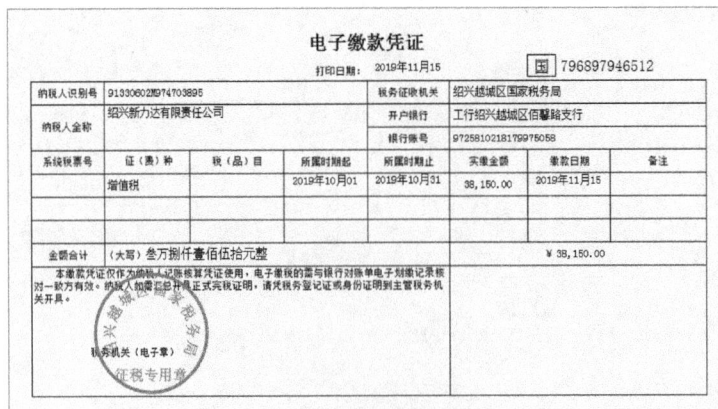

图 3.22　增值税缴纳凭证

(12)材料入库。

收　料　单

供应单位：绍兴飞妙工贸有限公司　　　　收料单编号：11058

材料类别：原材料　　2019 年 11 月 15 日　　收料仓库：材料库

材料编号	名称	规格	单位	数量		实际成本				
				应收	实收	买价 单价	买价 金额	运杂费	其他	合计
K123	已梳皮棉	H00	kg	10000	10000	48.00	480,000.00			¥480,000.00
合计				10000	10000		480,000.00			¥480,000.00
备注										

第三联 记账联

仓库主管：王浩宇　　记账：徐英　　收料：朱笑玮　　制单：徐英

图 3.23　收料单

(13)销售原材料。

3300151140　　浙江增值税专用发票　　№ 02777948　3300151140　02777948

此联不作报销、扣税凭证使用

机器编号：982888812388　　开票日期：2019年11月18日

购买方　名称：杭州诺阳工贸有限公司
纳税人识别号：91330102M705987425
地址、电话：杭州上城区登阳路647号54997332
开户行及账号：工行杭州上城区星融路支行803764550053664495 8

密码区：172312-4-275<1+46*54* 82*59* 181321><8182*59*09618153</ <4<3*2702-9>9**153</0 >2-3 *08/4>*>>2-3*0/9/>>25-275<1

货物或应税劳务、服务名称	规格型号	单位	数量	单价	金额	税率	税额
麻纤维原料		千克	1000	35.00	35,000.00	13%	4,550.00
合计					¥35,000.00		¥4,550.00

价税合计（大写）⊗叁万玖仟伍佰伍拾元整　　（小写）¥39,550.00

销售方　名称：绍兴新力达有限责任公司
纳税人识别号：91330602M974703895
地址、电话：绍兴越城区亚园路816号71879979
开户行及账号：工行绍兴越城区佰馨路支行972581021817997505 8

备注：校验码 52118 02847 08248 66129

第一联：记账联 销售方记账凭证

收款人：孙子轩　　复核：陈挺　　开票人：徐英　　销售方：（章）

图 3.24　销售原材料发票

中国工商银行 进账单(收账通知)　3

2019 年 11 月 18 日

出票人	全称	杭州诺阳工贸有限公司
	账号	8037645500536644958
	开户银行	工行杭州上城区星融路支行
金额	人民币（小写）	亿 千 百 十 万 千 百 十 元 角 分：¥ 3 9 5 5 0 0 0
收款人	全称	绍兴新力达有限责任公司
	账号	9725810218179975058
	开户银行	工行绍兴越城区佰馨路支行
票据种类	转账支票	票据张数 1
票据号码	846049	
		收款人开户银行签章

工行绍兴越城区佰馨路支行 2019.11.18 转讫

复核　　记账

此联是收款人开户银行交给收款人的收账通知

图 3.25　进账单(销售原材料)

领 料 单

领用部门：销售

仓库：原材料　　2019 年 11 月 18 日　　编号：363

编号	类别	材料名称	规格	单位	数量		实际成本	
					请领	实发	单价	金额
001	原材料	麻纤维原料		千克	1000	1000	20.00	20,000.00
用途	销售				领料部门		发料部门	
					负责人	领料人	核准人	发料人
					郭子涵	李立	王浩宇	朱笑玮

第三联 记账联

图 3.26　销售部门领料单

(14)申请本票。

中国工商银行 本票申请书

申请日期：2019 年 11 月 19 日　　第 56 号

申请人	绍兴新力达有限责任公司	收款人	绍兴辉通工贸有限公司
账号或地址	9725810218179975058	账号或住址	6407429170514151316
用途	货款	代理付款行	工行绍兴越城区麦领路支行
汇款金额	人民币（大写）肆拾伍万贰仟元整	亿 千 百 十 万 千 百 十 元 角 分	¥ 4 5 2 0 0 0 0 0
上列款项请从我账号内支付 申请人签章	绍兴新力达有限责任公司 财务专用章　印 罗兰	科目　对方科目　财务主管　复核　经办	中国工商银行 佰馨路支行 转讫

此联汇款人留存

图 3.27　本票申请书

(15)销售商品。

3300151140　**浙江增值税专用发票**　№70484719　3300151140 70484719

此联不作报销、扣税凭证使用

机器编号：982888812388　　开票日期：2019年11月25日

购买方	名称：温州福妙工贸有限公司 纳税人识别号：91330304M813177118 地址、电话：温州瓯海区纳文路138号12081465 开户行及账号：工行温州瓯海区普爱路支行3846068924420622245	密码区	172312-4-275〈1+46*54* 82*59* 181321〉〈8182*69*09618153〈/ 〈4〈3*2702-9〉9*+153〈/0 〉2-3 *06/4〉*〉〉2-3*0/9/〉〉25-275〈1

货物或应税劳务、服务名称	规格型号	单位	数量	单价	金额	税率	税额
台布（桌布）		套	850	180.00	153,000.00	13%	19,890.00
合　计					¥153,000.00		¥19,890.00
价税合计（大写）	⊗壹拾柒万贰仟捌佰玖拾元整				（小写）¥172,890.00		

销售方	名称：绍兴新力达有限责任公司 纳税人识别号：91330602M974703895 地址、电话：绍兴越城区亚园路816号71879979 开户行及账号：工行绍兴越城区佰馨路支行9725810218179975058	备注	校验码 52118 02917 08248 05199

收款人：　　复核：陈挺　　开票人：徐英　　销售方：（章）

税总函[2016]××号××××公司　　第一联：记账联 销售方记账凭证

图 3.28　销售商品发票一

（16）支付餐费。

图 3.29　支付餐费发票

图 3.30　转账支票存根(支付餐费)

（17）出现坏账。

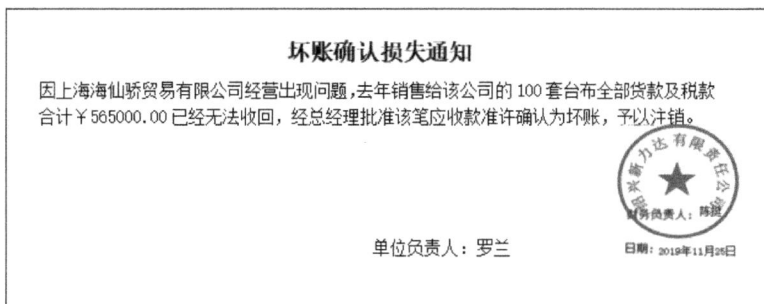

图 3.31　坏账损失确认通知

(18)收回坏账。

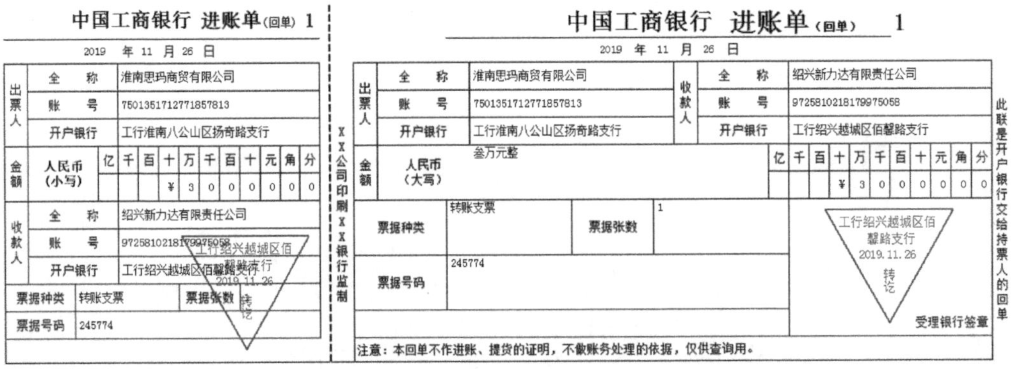

中国工商银行 进账单(回单) 1

2019 年 11 月 26 日

出票人	全称	淮南思玛商贸有限公司
	账号	7501351712771857813
	开户银行	工行淮南八公山区扬奇路支行
金额	人民币(大写)	叁万元整
	人民币(小写)	¥30000.00
收款人	全称	绍兴新力达有限责任公司
	账号	9725810218179975058
	开户银行	工行绍兴越城区佰馨路支行
票据种类	转账支票	票据张数 1
票据号码	245774	

工行绍兴越城区佰馨路支行 2019.11.26 转讫

受理银行签章

注意：本回单不作进账、提货的证明，不做账务处理的依据，仅供查询用。

此联是开户银行交给持票人的回单

XX公司印刷XX银行监制

图 3.32 进账单(收回坏账)

(19)销售商品。

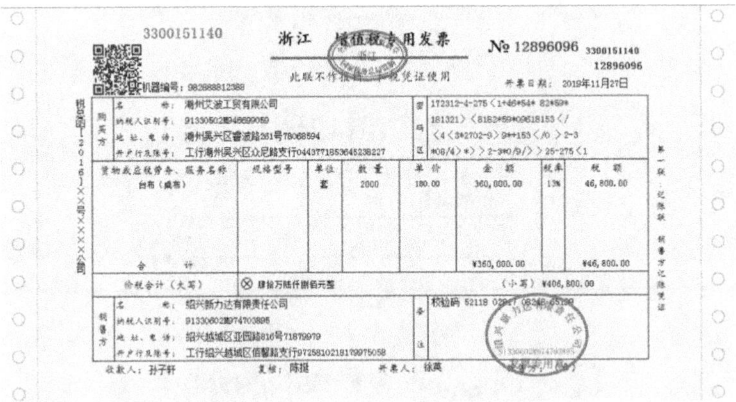

3300151140 浙江增值税专用发票 № 12896096 3300151140 12896096

此联不作报销、扣税凭证使用

机器编号：982888812388 开票日期：2019年11月27日

购买方	名称	湖州艾波工贸有限公司
	纳税人识别号	91330502948699069
	地址、电话	湖州吴兴区睿波路261号78068594
	开户行及账号	工行湖州吴兴区众尼路支行0443771853645238227

货物或应税劳务、服务名称	规格型号	单位	数量	单价	金额	税率	税额
台布(桌布)		套	2000	180.00	360,000.00	13%	46,800.00
合计					¥360,000.00		¥46,800.00
价税合计(大写)	⊗肆拾万陆仟捌佰元整				(小写)¥406,800.00		

销售方	名称	绍兴新力达有限责任公司
	纳税人识别号	91330602974703895
	地址、电话	绍兴越城区亚园路816号71879979
	开户行及账号	工行绍兴越城区佰馨路支行9725810218179975058

收款人：孙子轩 复核：陈提 开票人：徐燕

图 3.33 销售商品发票二

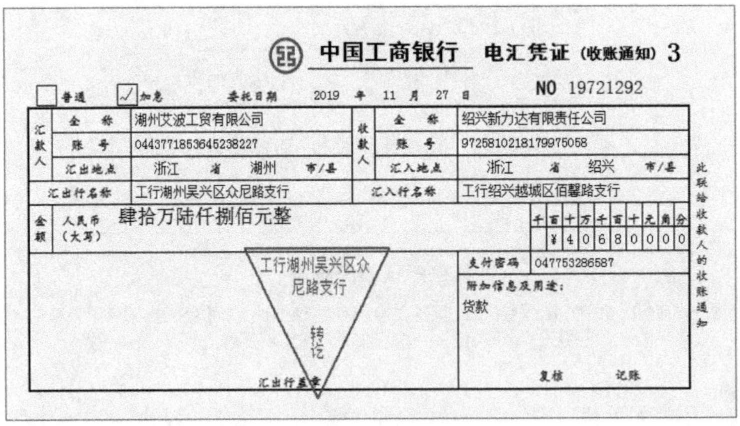

中国工商银行 电汇凭证(收账通知) 3

普通 ☑加急 委托日期 2019 年 11 月 27 日 NO 19721292

汇款人	全称	湖州艾波工贸有限公司	收款人	全称	绍兴新力达有限责任公司
	账号	0443771853645238227		账号	9725810218179975058
	汇出地点	浙江省湖州市/县		汇入地点	浙江省绍兴市/县
汇出行名称		工行湖州吴兴区众尼路支行	汇入行名称		工行绍兴越城区佰馨路支行
金额	人民币(大写)	肆拾万陆仟捌佰元整			¥40680000

工行湖州吴兴区众尼路支行 转讫

汇出行盖章

支付密码 047753286587

附加信息及用途：货款

复核 记账

此联给收款人的收账通知

图 3.34 收账通知

(20)领用原材料。

领　料　单

领用部门：　一车间

仓库：原材料　　2019　年　11　月　28　日　　编号：804

编号	类别	材料名称	规格	单位	数量		实际成本	
					请领	实发	单价	金额
001	原材料	麻纤维原料		千克	1500	1500	20.00	30,000.00
002	原材料	毛纱		千克	500	500	20.00	10,000.00
用途	车间一般耗用				领料部门		发料部门	
					负责人	领料人	核准人	发料人
					李媚	王雨	王浩宇	朱笑玮

第三联　记账联

图 3.35　一车间领料单

领　料　单

领用部门：　二车间

仓库：原材料　　2019　年　11　月　28　日　　编号：435

编号	类别	材料名称	规格	单位	数量		实际成本	
					请领	实发	单价	金额
001	原材料	麻纤维原料		千克	850	850	20.00	17,000.00
002	原材料	已梳皮棉		包	300	300	48.00	14,400.00
用途	生产台布（桌布）				领料部门		发料部门	
					负责人	领料人	核准人	发料人
						朱玉	王浩宇	朱笑玮

第三联　记账联

图 3.36　二车间领料单

(21)报销差旅费。

收　款　收　据　No. 7028256

现金收讫

2019　年　11　月　29　日

今收到　行政部 周红

交来　差旅费余款

金额（大写）　零 拾 零 万 零 仟 柒 佰 伍 拾 捌 元 零 角 零

¥　758.00　　收款单位（公章）

核准 陈挺　　会计 徐英　　记账 徐英　　出纳 孙子轩　　经办人 周红

财务专用章

第一联　存根

图 3.37　收款收据(差旅费余款)

差旅费报销单

部门 行政部　　2019 年 11 月 29 日

出差人	周红	出差事由	培训

出发				到达				交通工具	交通费		出差补贴		其他费用		
月	日	时	地点	月	日	时	地点		单据张数	金额	天数	金额	项目	单据张数	金额
11	07		绍兴	11	07		苏州	客车	1	96.00	4	100.00	住宿费	1	900.00
11	10		苏州	11	10		绍兴	客车	1	96.00			市内车费	5	50.00
													邮电费		
													办公用品费		
													不买卧铺补贴		
													其他		
合计									2	¥192.00		¥100.00		6	¥950.00

报销总额	人民币（大写）壹仟贰佰肆拾贰元整	预借金额	¥2000.00	补领金额	
				退还金额	¥758.00

附件 8 张

主管 陈挺　　审核 陈挺　　出纳 孙子轩　　领款人 周红

图 3.38　差旅费报销单

(22)支付水费。

3300161140　　**浙江增值税普通发票**　　№ 27763667

发票联

3300161140
27763667

机器编号：982888812388　　开票日期：2019年11月30日

购买方	名称：绍兴新力达有限责任公司 纳税人识别号：91330602M974703895 地址、电话：绍兴越城区亚园路816号71879979 开户行及账号：工行绍兴越城区佰馨路支行9725810218179975058	密码区	172312-4-275＜1+46*54* 82*59* 181321＞＜8182*59*09618153＜/ ＜4＜3*2702-9＞9*+153＜/0 ＞2-3 *08/4＞*＞＞2-3*0/9/＞＞25-275＜1

货物或应税劳务、服务名称	规格型号	单位	数量	单价	金额	税率	税额
水费			1480	2.90	4,292.00	13%	557.96
合计					¥4,292.00		¥557.96
价税合计（大写）	⊗肆仟捌佰肆拾玖元玖角陆分				（小写）¥4,849.96		

销售方	名称：绍兴市水务产业有限公司 纳税人识别号：91330602M974704859 地址、电话：绍兴越城区水园路452号74125489 开户行及账号：工行绍兴越城区成业支行9725810218179985214	备注	校验码 52118 02817 08248 65199

收款人：孙林　　复核：周一　　开票人：王小　　销售方：（章）

税总函[2016]××号××××公司　　第二联：发票联　购买方记账凭证

图 3.39　支付水费发票

同城委托收款凭证（回　单） 1　　第 74466702 号

委托日期 2019 年 11 月 30 日　　单位编号：32368708

付款人	全称	绍兴新力达有限责任公司	收款人	全称	绍兴市水务产业有限公司
	账号	9725810218179975058		账号	9725810218179985214
	开户银行	工行绍兴越城区佰馨路支行		开户银行	工行绍兴越城区成业支行

金额	人民币（大写）	肆仟捌佰肆拾玖元玖角陆分	千	百	十	万	千	百	十	元	角	分
						¥	4	8	4	9	9	6

收费项目名称	2019年11月水费	债务证明种类		寄附单证张数	

备注：

款项内容	人数	单位交	个人交	滞纳金	手续费

工行绍兴越城区佰馨路支行 2019.11.30 转讫

付款人开户银行盖章　2019 年 11 月 30 日

单位主管　　会计　　复核　　记账

此联是付款人开户银行支付款项后给付款人的回单

图 3.40　支付水费回单

(23)11 月 30 日，假设当期无其他产品出入库，本月台布(桌布)完工 595 套，月末在产品余额 0 元。

(24)11 月 30 日，结转本月产品销售成本。

产品出库汇总表

2019 年 11 月 30 日　　　　附单据 2 张

产品名称	规格型号	计量单位	出库数量	备注
台布(桌布)		套	2850	
合　计			2850	

审核: 陈挺　　　　制单: 徐英

图 3.41　产品出库汇总表

(25)11 月 30 日,计提本期短期借款利息,按照 2%的利息率进行公式设置,要求使用自定义结转。

(26)期末使用系统自动结转期间损益。

操作步骤:

(1)以“302 徐英”的身份登录畅捷通系统,进行填制凭证的相关操作,登录日期为“2019 年 11 月 30 日”。

(2)依次单击“总账”“凭证”“填制凭证”命令,进入“填制凭证”窗口。

(3)单击“增加”按钮,系统自动增加一张空白收款凭证。

(4)输入制单日期和附单据数。

(5)输入凭证正文部分。

【本部分内容参考答案】

(1)借:银行存款——工行存款	500 000	
贷:短期借款		500 000
(2)借:库存现金	50 000	
贷:银行存款——工行存款		50 000
(3)借:银行存款——工行存款	1 300	
贷:库存现金		1 300
(4)借:在途物资——毛纱	100 000	
应交税费——应交增值税(进项税)	13 000	
贷:银行存款——工行存款		113 000
(5)借:银行存款——工行存款	219 672	
财务费用	6 328	
贷:应收票据		226 000
(6)借:其他应收款——个人借款	2 000	
贷:库存现金		2 000
(7)借:应付账款——绍兴兴仁	339 000	
贷:银行存款——工行存款		339 000
(8)借:销售费用——广告费	50 000	

应交税费——应交增值税（进项税）	3 000	
贷：银行存款——工行存款		53 000
（9）借：库存现金	1 000	
贷：其他应付款——押金		1 000
（10）借：在途物资——已梳皮棉	480 000	
应交税费——应交增值税（进项税）	62 400	
贷：银行存款——工行存款		542 400
（11）借：应交税费——未交增值税	38 150	
贷：银行存款——工行存款		38 150
（12）借：原材料——已梳皮棉	480 000	
贷：在途物资——已梳皮棉		480 000
（13）①借：银行存款——工行存款	39 550	
贷：其他业务收入		35 000
应交税费——应交增值税（销项税）		4 550
②借：其他业务成本	20 000	
贷：原材料——麻纤维原料		20 000
（14）借：其他货币资金	452 000	
贷：银行存款——工行存款		452 000
（15）借：应收账款	172 890	
贷：主营业务收入——台布（桌布）		153 000
应交税费——应交增值税（销项税）		19 890
（16）借：管理费用——业务招待费	2 500	
贷：银行存款——工行存款		2 500
（17）借：营业外支出——坏账损失	565 000	
贷：应收账款		565 000
（18）借：银行存款——工行存款	30 000	
贷：营业外收入——收回坏账损失		30 000
（19）借：银行存款——工行存款	406 800	
贷：主营业务收入——台布（桌布）		360 000
应交税费——应交增值税（销项税）		46 800
（20）借：生产成本——台布（桌布）	71 400	
贷：原材料——麻纤维原料		47 000
——毛纱		10 000
——已梳皮棉		14 400
（21）借：管理费用——差旅费	1 242	
库存现金	758	
贷：其他应收款——个人借款		2 000

(22)借:应付账款——绍兴水务　　　　　　　　　　　4 292
　　　应交税费——应交增值税(进项税)　　　　　　557.96
　　　贷:银行存款——工行存款　　　　　　　　　　　　4 849.96
(23)借:库存商品——台布(桌布)　　　　　　　　　71 400
　　　贷:生产成本——台布(桌布)　　　　　　　　　　71 400
(24)借:主营业务成本——台布(桌布)　　　　　　342 000
　　　贷:库存商品——台布(桌布)　　　　　　　　　　342 000
(25)借:财务费用——利息费用　　　　　　　　　　133.33
　　　贷:应付利息　　　　　　　　　　　　　　　　　　133.33
(26)①借:本年利润　　　　　　　　　　　　　　987 203.33
　　　贷:主营业务成本——台布(桌布)　　　　　　　342 000
　　　　其他业务成本　　　　　　　　　　　　　　　　20 000
　　　　销售费用——广告费　　　　　　　　　　　　　50 000
　　　　管理费用——业务招待费　　　　　　　　　　　2 500
　　　　　　　　——差旅费　　　　　　　　　　　　　1 242
　　　　财务费用——利息　　　　　　　　　　　　　　6 461.33
　　　　营业外支出　　　　　　　　　　　　　　　　565 000
　　②借:主营业务收入——台布(桌布)　　　　　　513 000
　　　　其他业务收入　　　　　　　　　　　　　　　35 000
　　　　营业外收入——收回坏账损失　　　　　　　　30 000
　　　　贷:本年利润　　　　　　　　　　　　　　　　578 000

(四)出纳签字

【工作实例】

由出纳"303 孙子轩"登录畅捷通系统,对 2019 年 11 月份填制的凭证进行出纳签字。

操作步骤:

(1)在畅捷通系统主界面中,依次单击"文件""重新注册"命令,打开"注册【控制台】"对话框。

(2)以"303 孙子轩"的身份重新注册畅捷通系统。

(3)依次单击"总账""凭证""出纳签字"命令,打开"出纳签字"对话框。

(4)选中"全部"单选框,输入月份"2019.11",如图 3.42 所示。

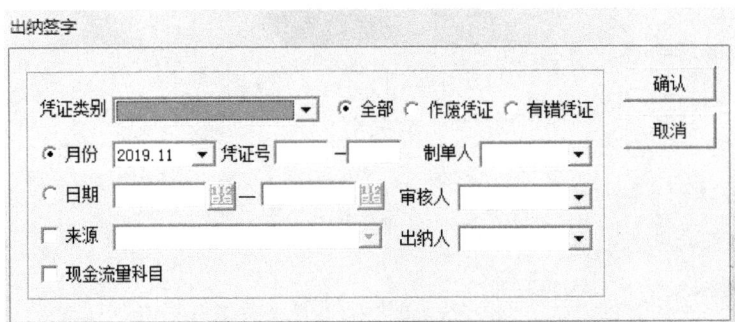

图 3.42　出纳签字

（5）单击"确认"按钮，进入"出纳签字"的凭证列表窗口，窗口显示所有出纳凭证。

（6）双击某一要签字的凭证或者单击"确定"按钮，进入"出纳签字"的签字窗口。

（7）单击"签字"按钮，系统在凭证底部的"出纳"处自动签上出纳人姓名。

（8）单击"下张"按钮，对其他凭证签字，最后单击"退出"按钮。

（五）凭证审核

【工作实例】

由主管"301 陈挺"登录畅捷通系统，对 2019 年 11 月份填制的凭证进行审核。

操作步骤：

（1）在畅捷通系统主界面中，依次单击"文件""重新注册"命令，打开"注册【控制台】"对话框，以"201 陈挺"的身份重新注册畅捷通。

（2）依次单击"总账""凭证""审核凭证"命令，打开"凭证审核"查询条件对话框，如图 3.43 所示。

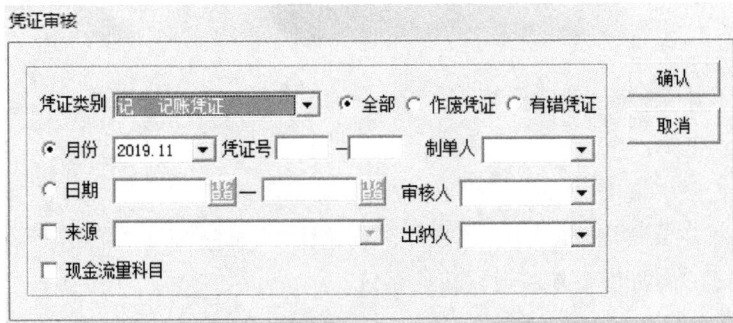

图 3.43　凭证审核

（3）输入查询条件，单击"确认"按钮，进入"凭证审核"的凭证列表窗口。

（4）双击要审核的凭证或单击"确定"，进入"凭证审核"的审核凭证窗口。

（5）检查要审核的凭证，无误后，单击"审核"按钮，系统在凭证底部的"审核"处自动签上审核人姓名，并自动显示下一张凭证。

（6）单击"下张"按钮，对其他凭证签字，最后单击"退出"按钮。

（六）凭证查询

【工作实例】

由主管"301 陈挺"登录畅捷通系统，对 2019 年 11 月记字 0002 号凭证进行查询。

操作步骤：

（1）依次单击"总账""凭证""查询凭证"命令，打开"凭证查询"对话框。

（2）从"凭证类别"下拉列表框中选择"记　记账凭证"，在凭证号范围对应的框内输入"0002""0002"，如图 3.44 所示。

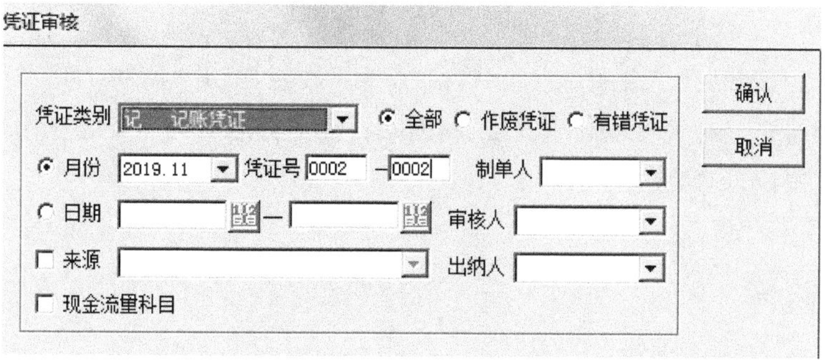

图 3.44　凭证查询

（3）单击"确认"按钮，打开"查询凭证"列表，列表中显示了要查找的凭证记录，双击该记录，即可打开该凭证。

（七）记　账

【工作实例】

由主管"301 陈挺"登录畅捷通系统，对 2019 年 11 月份已审核凭证记账。

操作步骤：

（1）依次单击"总账""凭证""记账"命令，进入"记账"对话框。

（2）选择要进行记账的凭证范围。本例单击"全选"按钮，选择所有凭证。

（3）单击"下一步"按钮，显示记账报告，如图 3.45 所示。

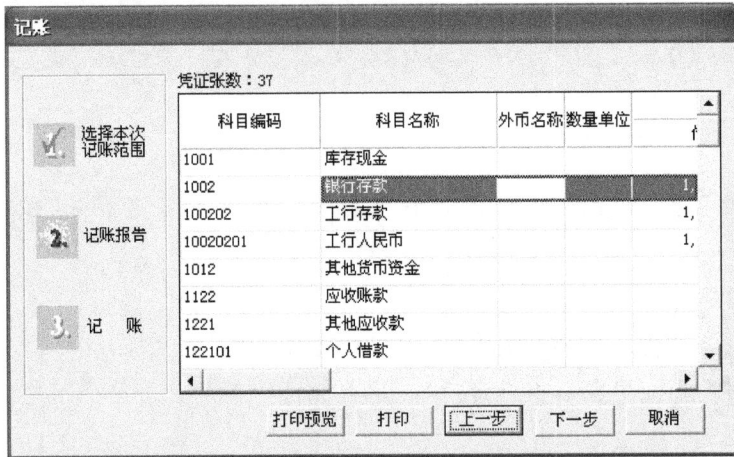

图 3.45　记账

(4)单击"下一步"按钮,进入记账窗口。单击"记账"按钮,打开"期初试算平衡表"对话框,单击"确认"按钮,系统开始登记有关总账和明细账、辅助账。登记完后,弹出"记账完毕"信息提示对话框。

(5)单击"确定"按钮,记账完毕。

(八)取消记账

【工作实例】

陈挺发现 11 月份的一笔凭证有错误,需要取消记账,恢复记账前状态。

操作步骤:

(1)依次单击"总账""期末""对账"命令,进入"对账"窗口,如图 3.46 所示。

图 3.46　"对账"窗口

(2)按"Ctrl＋H"组合键,弹出"恢复记账前状态功能已被激活"信息提示框,单击"确定"按钮返回,在"凭证"菜单下显示出"恢复记账前状态功能"命令。

(3)单击"确定"按钮,然后单击"退出"按钮。

(4)依次单击"总账""凭证""恢复记账前状态"命令,打开"恢复记账前状态"对话框。

(5)选中"最近一次记账前状态"单选框,如图3.47所示。

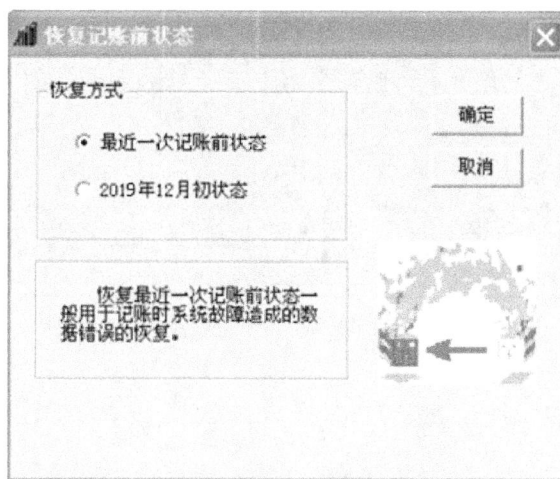

图 3.47 恢复记账前状态

(6)单击"确定"按钮,弹出"请输入主管口令"信息提示框。

(7)输入主管口令,单击"确认"按钮,稍后系统会弹出"恢复记账完毕!"信息提示框,再单击"确定"按钮。

技术支持:

●只有账套主管才有权限进行恢复到记账前状态的操作。

●已结账月份,不能恢复记账前状态。

实战演练:

取消记账后,需再次完成记账。

(九)常用摘要设置

【工作实例】

设置常用摘要"01　从工行人民币户提现金"。

操作步骤:

(1)依次单击"总账""凭证""常用摘要"命令,进入"常用摘要"窗口。

(2)输入摘要编码01,摘要内容"从工行人民币户提现金",如图3.48所示。

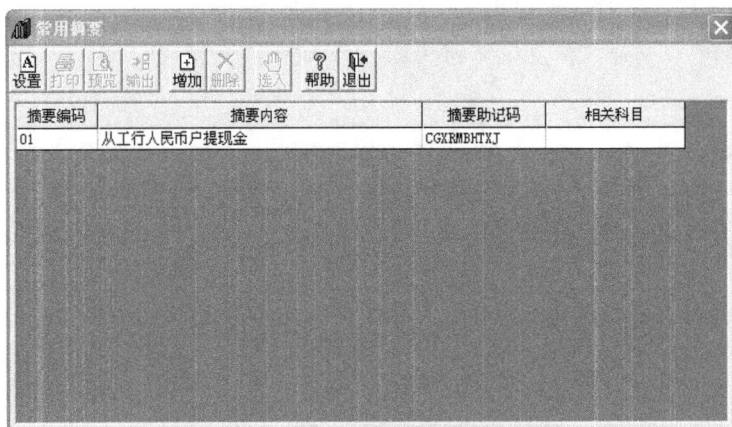

图 3.48　常用摘要设置

（十）管理费用总账查询

【工作实例】

查询管理费用总账。

操作步骤：

（1）在畅捷通系统主界面中，依次单击"总账查询条件""账簿查询""总账"命令，打开"总账查询条件"对话框。

（2）在"科目"文本框中选择或输入"5602"，如图 3.49 所示。

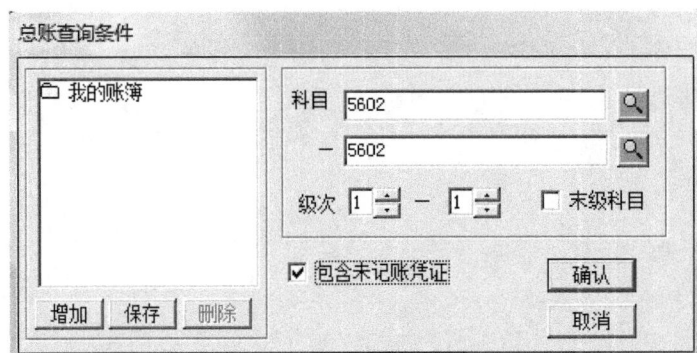

图 3.49　管理费用总账查询

（3）单击"确认"按钮，显示三栏式总账。

（4）单击"明细"按钮，可查看管理费用科目的明细账。

(十一)余额表查询

【工作实例】

查询包括未记账凭证和末级科目在内的余额表。

操作步骤：

（1）在畅捷通系统主界面中,依次单击"总账""账簿查询""余额表"命令,打开"发生额及余额查询条件"对话框。

（2）选中"末级科目"和"包含未记账凭证"复选框,单击"确认"按钮,进入"发生额及余额表"窗口,如图 3.50 所示。

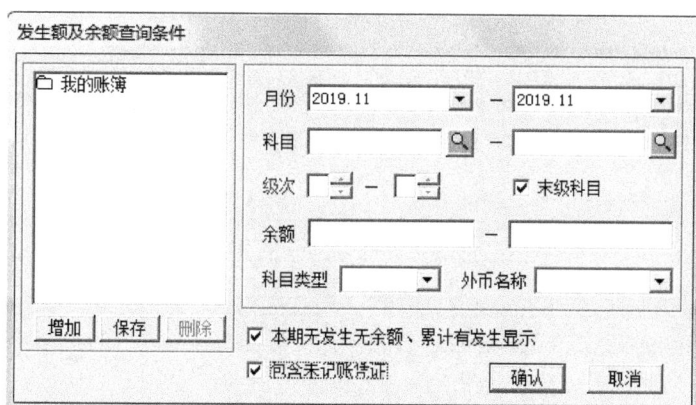

图 3.50　查询余额表

（3）单击"累计"按钮,系统自动显示累计发生额。将鼠标指针定位在设置了辅助核算的科目所在行,再单击"专项"按钮,可打开该科目的辅助项。

(十二)明细账查询

【工作实例】

查询"140301 材料"明细账。

操作步骤：

（1）在畅捷通系统主界面中,依次单击"总账""账簿查询""明细账"命令,打开"明细账查询条件"对话框。

（2）输入或选择科目,如图 3.51 所示。

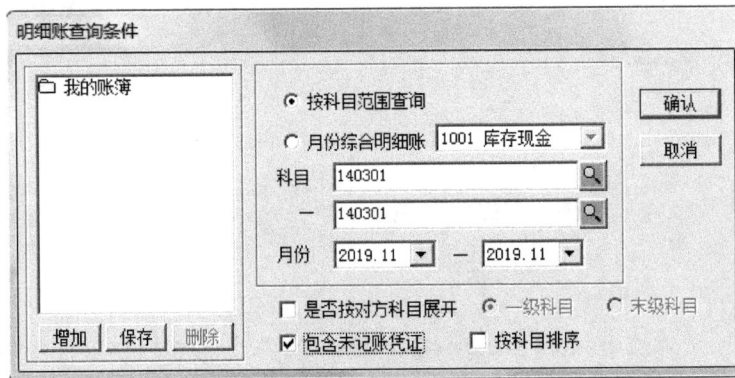

图 3.51 明细账查询条件

(3)单击"确认"按钮。

(4)从"账页格式"下拉列表框中选择"金额式",可显示金额式明细账。查询结果如图 3.52 所示。

图 3.52 原材料明细账查询

(十三)日记账查询

【工作实例】

查询绍兴新力达有限责任公司 2019 年 11 月份银行存款日记账。

操作步骤：

(1)以"301 陈挺"的身份登录畅捷通系统,进行现金管理的相关操作,登录日期为"2019-11-30"。

(2)在畅捷通系统主界面中,依次单击"现金""现金管理""日记账""银行日记账"命令,打开"银行日记账查询条件"对话框。

(3)选择科目"1002 银行存款",选择"按月查"复选框,并在相应框内输入"2019.11"和"2019.11",如图 3.53 所示。

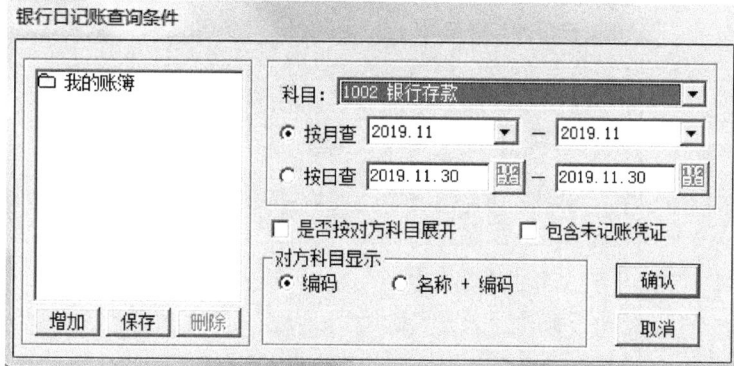

图 3.53　银行日记账查询

（4）单击"确认"按钮,进入"银行日记账"窗口,如图 3.54 所示。

图 3.54　银行日记账

（十四）资金日报查询

【工作实例】

查询绍兴新力达有限公司 2019 年 11 月 8 日资金日报。

操作步骤:

（1）在畅捷通系统主界面中,依次单击"现金""现金管理""日记账""资金日报"命令,打开"资金日报表查询条件"对话框,如图 3.55 所示。

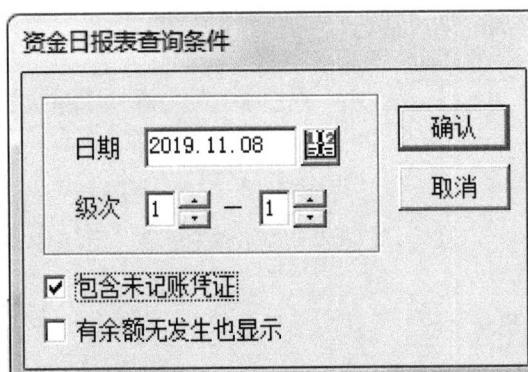

图 3.55　资金日报表查询条件

(2)选择日期"2019.11.08",单击"确认"按钮,进入"资金日报表"窗口,如图 3.56 所示。

图 3.56　资金日报表

(3)单击"日报"按钮,显示当前科目的日报单。

(十五)银行对账

【工作实例】

本公司从 2019 年 1 月 1 日起启用银行对账,单位日记账工行人民币户调整前余额为 2 096 700 元,未达账项一笔,为 2018 年 12 月 28 日发生的企业已收而银行未收 20 000 元,银行对账单调整前余额为 2 076 700 元,无未达账项。

操作步骤:

(1)在畅捷通系统主界面中,出纳"303 孙子轩"依次单击"现金""设置""银行期初录入"命令,打开"银行科目选择"对话框。

(2)选择"工行人民币户"科目,单击"确定"按钮,进入"银行对账期初"窗口。

(3)在单位日记账的"调整前余额"对应框内中输入"2096700";在银行对账单的"调整前余额"对应框内中输入"2076700",如图 3.57 所示。

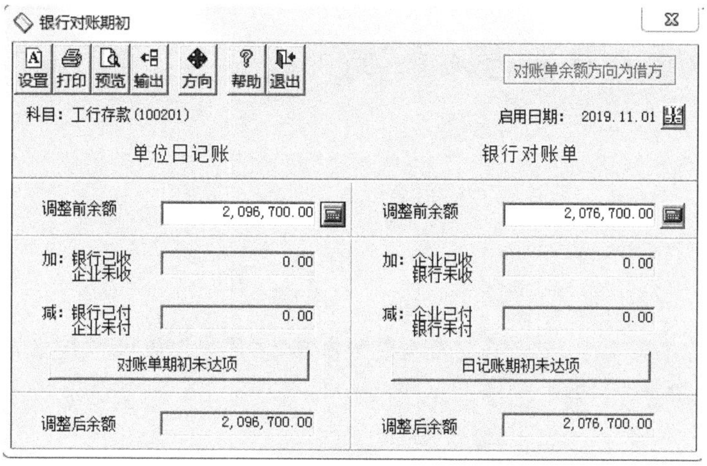

图 3.57 "银行对账期初"窗口

（4）单击"日记账期初未达项"按钮，打开"企业方期初"对话框。

（5）单击"增加"按钮，输入凭证日期"2018.12.28"，借方金额"20000"，然后单击"保存"按钮，如图 3.58 所示。

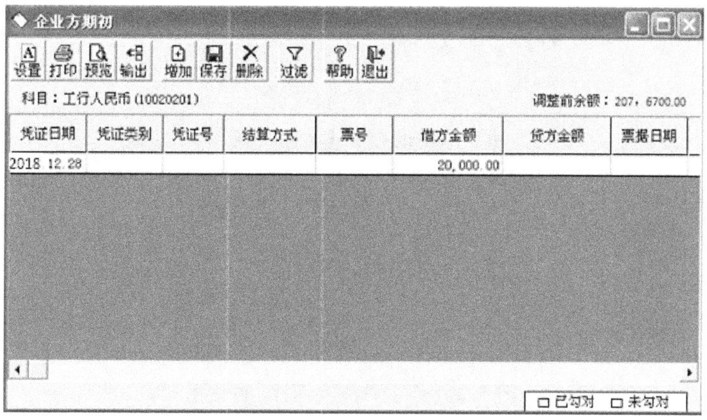

图 3.58 "企业方期初"窗口

（6）单击"退出"按钮返回"银行对账期初"对话框，调整后余额平衡，如图 3.59 所示。

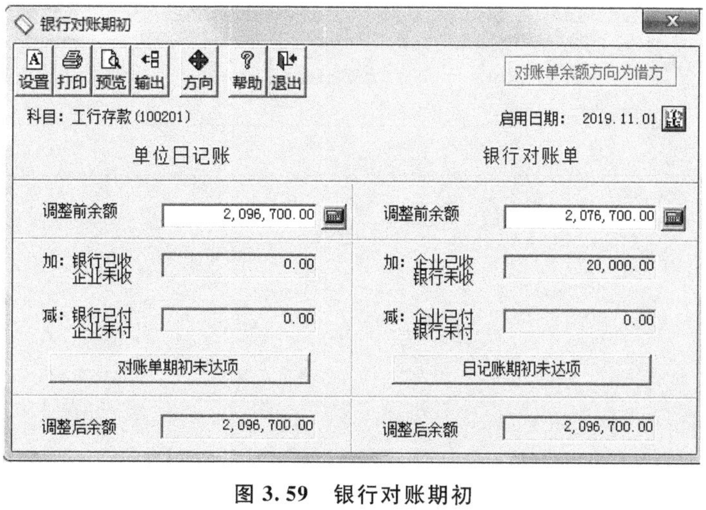

图 3.59 银行对账期初

（十六）企业客户往来情况查询

【工作实例】

查询企业客户往来情况。

操作步骤：

（1）在畅捷通系统主界面中，以账套主管身份依次单击"往来""账簿""往来管理""客户往来两清"命令，打开"客户往来两清"对话框，如图 3.60 所示。

图 3.60 "客户往来两清"对话框

（2）选择客户"003 上海海仙骄"，单击"确定"按钮，进入"客户往来两清"窗口，如图 3.61 所示。

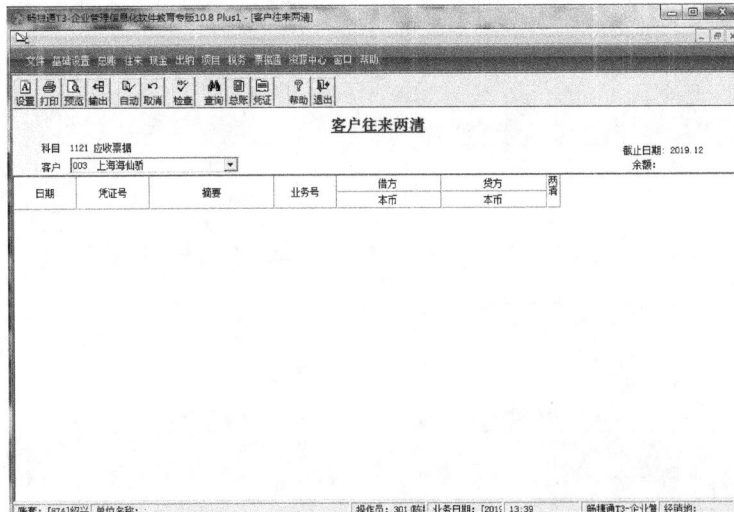

图 3.61 客户往来两清——上海海仙骄

(3)单击"自动"按钮,系统进行核对,并自动删除已两清的记录。

(十七)自定义凭证:计提短期借款利息

【工作实例】

计提短期借款利息,按年利率2%计算。

借:财务费用

　贷:应付利息　按短期借款科目的贷方期末余额×2%计算

操作步骤：

(1)以账套主管"301 陈挺"的身份登录畅捷通系统,在主界面中,依次单击"总账""期末""转账定义""自定义转账"命令,进入"自动转账设置"窗口,如图 3.62 所示。

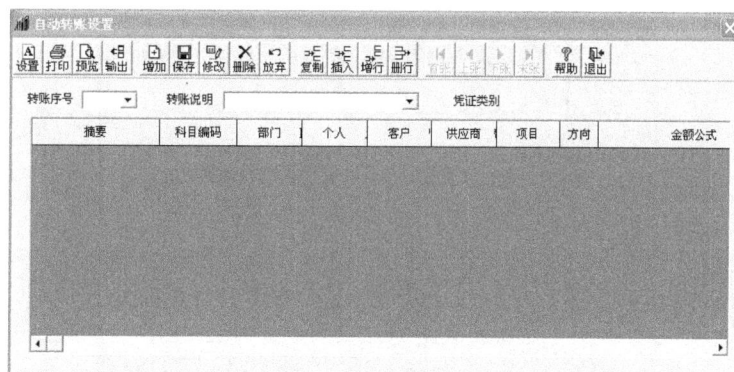

图 3.62　自动转账设置

(2)单击"增加"按钮,打开"转账目录"设置对话框。输入转账序号"0001"、转账说明"计提短期借款利息",选择凭证类别"记　记账凭证",如图 3.63 所示。

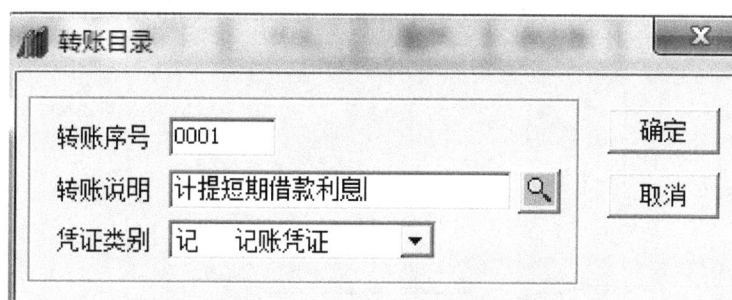

图 3.63　转账目录设置

(3)单击"确定"按钮,继续定义转账凭证分录信息。

(4)确定分录的借方信息。选择科目编码"560301"、方向"借",输入金额公式"JG( )",如图3.64 所示。

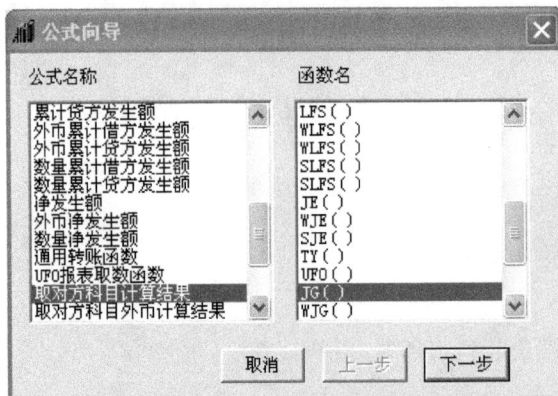

图 3.64 公式向导设置

(5)单击"增行"按钮,确定分录的贷方信息。选择科目编码"2231"、方向"贷",在"金额公式"栏单击"参照"按钮,打开"公式向导"对话框,选择"期末余额"和"QM( )",如图 3.65 所示。

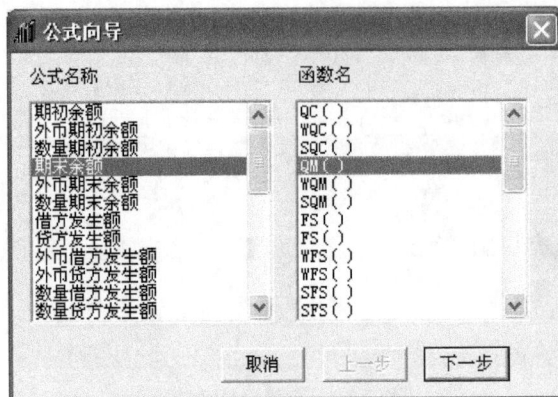

图 3.65 公式向导期末余额设置

(6)单击"下一步"按钮,打开"公式向导"对话框,选择科目"2001"、期间"月",如图 3.66 所示。

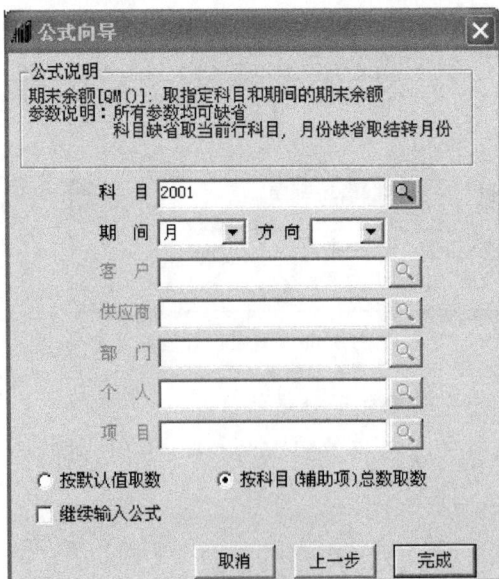

图 3.66 期末余额设置

(7)单击"完成"按钮，返回"金额公式"栏，然后继续输入"＊0.02/12"，如图3.67所示。

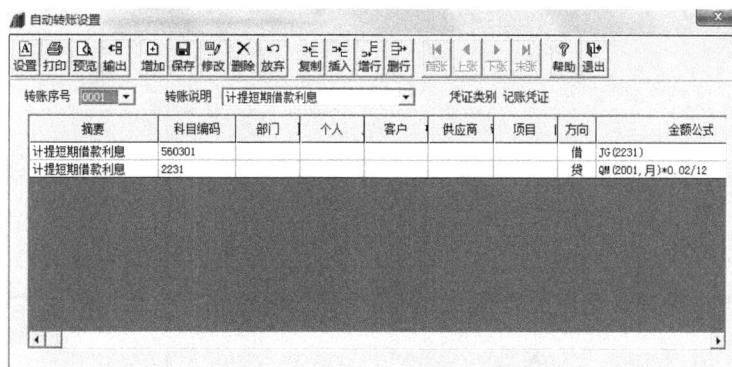

图 3.67　自动转账设置

(8)单击"保存"按钮，完成转账凭证定义。

（十八）定义期间损益结转凭证

【工作实例】

将所有的收入费用类科目结转到本年利润科目。

操作步骤：

(1)在畅捷通系统主界面中，依次单击"总账""期末""转账定义""期间损益"命令，进入"期间损益结转设置"窗口。

(2)选择凭证类别"记　记账凭证"，选择本年利润科目"3103"，如图3.68所示。

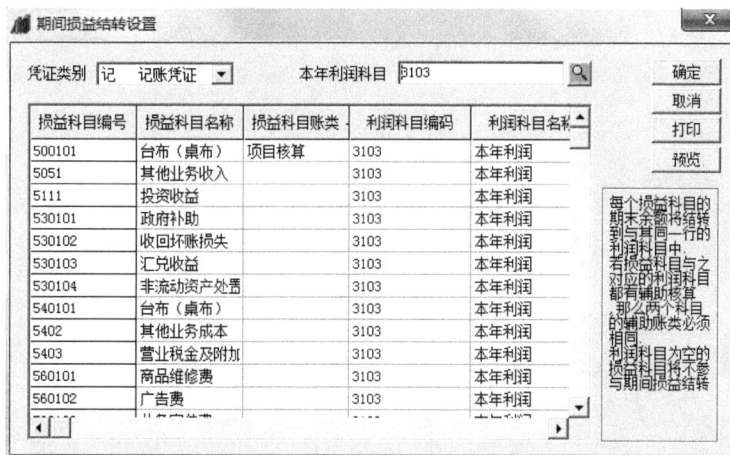

图 3.68　期间损益结转设置

(3)单击"确定"按钮。

（十九）转账生成

【工作实例一】

生成计提短期借款利息自定义转账凭证。

操作步骤：

（1）以"302 徐英"身份登录畅捷通系统，在主界面中，依次单击"总账""期末""转账生成"命令，进入"转账生成"窗口。

（2）选中"自定义转账"单选框，再单击"全选"按钮，如图 3.69 所示。

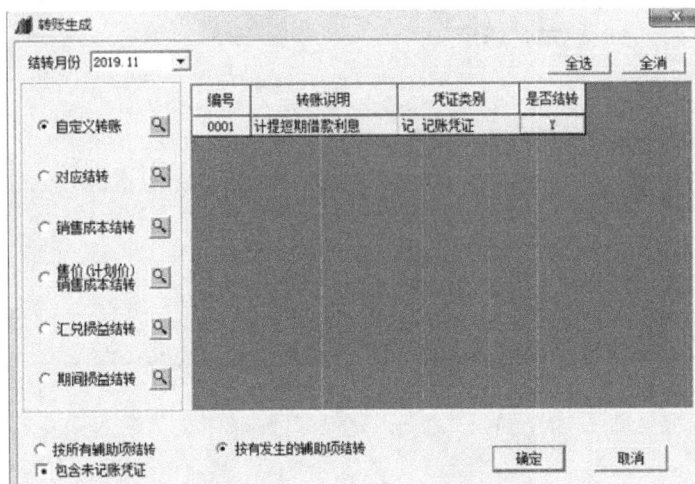

图 3.69　转账生成

（3）单击"确定"按钮，系统生成记账凭证。

（4）单击"保存"按钮，系统自动将当前凭证追加到未记账凭证中，凭证左上角出现"已生成"标志。如图 3.70 所示。

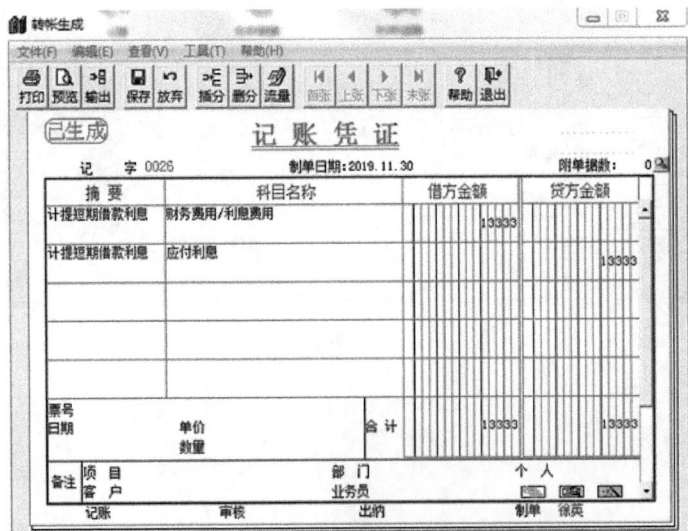

　　　　　　　　　　　　　　　　图 3.70　凭证转账生成

(5)更换操作员为"301 陈挺",将生成的自动凭证审核记账。

【工作实例二】

生成期间损益结转凭证。

操作步骤:

(1)在畅捷通系统主界面中,依次单击"总账""期末""转账生成"命令,进入"转账生成"窗口。

(2)选中"期间损益结转"单选框,单击"全选"按钮,再单击"确定"按钮,生成转账凭证。

(3)单击"保存"按钮。

(4)更换操作员为"301 陈挺",将生成的自动转账凭证审核记账。

技术支持:

●若之前生成的凭证没有审核记账,则要选中转账生成底部"包含未记账凭证"这一复选框,否则生成的数据缺少未记账凭证的数据,若没有未记账的凭证,可不选这一复选框。

(二十)对 账

【工作实例】

对公司 2019 年 11 月份的业务进行对账。

操作步骤:

(1)以账套主管"301 陈挺"的身份登录畅捷通系统,在主界面中,依次单击"总账""期末""对账"命令,进入"对账"窗口。

(2)将光标定位在要进行对账的月份"2019.11",单击"选择"按钮。

(3)单击"对账"按钮,开始自动对账,并显示对账结果。

(4)单击"试算"按钮,可以对各科目类别余额进行试算平衡。

(二十一)结 账

【工作实例】

对公司 2019 年 11 月份的业务进行结账处理。

操作步骤:

(1)在畅捷通系统主界面中,依次单击"总账""期末""结账"命令,打开"结账—开始结账"对话框。

(2)单击要结账的月份"2019.11"。

(3)单击"下一步"按钮,打开"结账—核对账簿"对话框。单击"对账"按钮,系统对要结账的月份进行账目核对。对账结束,显示"对账完毕",如图3.71所示。

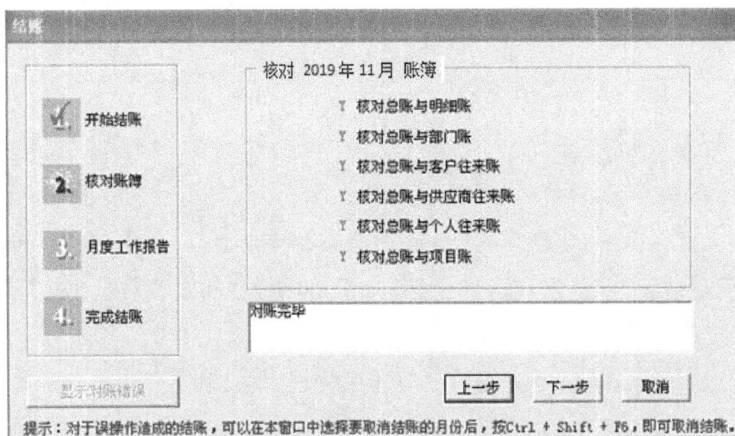

图 3.71 对账

(4)单击"下一步"按钮,系统显示"2019年11月工作报告",如图3.72所示。

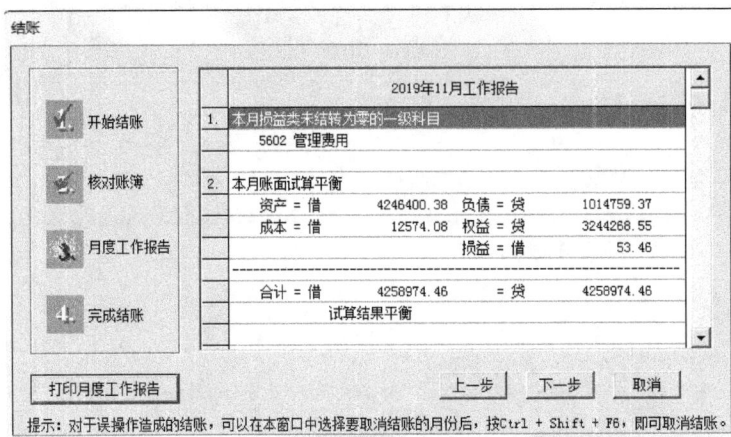

图 3.72 结账

(5)查看工作报告后,单击"下一步"按钮,然后单击"结账"按钮。如符合结账要求,系统将进行结账,否则不予结账。结账后,在"2019.11"的"是否结账"一栏上做"Y"标记。

技术支持:

●若结账以后发现本月还有未处理的业务或其他情况,可以进行"反结账":取消本月结账标记,然后进行修正,再进行结账工作。操作步骤如下:

(1)以账套主管"201陈挺"身份进入畅捷通系统,依次单击"总账""期末""结账"命令,打开"结账—开始结账"对话框。

(2)按下"Ctrl+Shift+F6"组合键,弹出"确认口令"对话框。

(3)输入主管口令"111111"。

(4)单击"确认"按钮,系统进行反结账处理,"2019.11"结账标志取消。

项目四：财务报表编制

任务引例：

绍兴新力达有限责任公司完成凭证填制、账簿登记等工作后,需要编制财务报表供相关人员使用。那么,我们如何在畅捷通系统中编制财务报表呢?

知识准备与业务操作：

1.报表管理系统的基本功能

财务报表管理系统是畅捷通管理软件中的一个子系统。报表处理系统能从其他系统中获得数据,再根据需要设计报表的格式、定义各种公式、进行数据处理,设计并制作出符合不同群体要求的会计报表。同时,报表系统也提供了一些常见的模板,如资产负债表等,使用者可利用这套模板直接输出数据。

本教材主要介绍两种报表功能。

(1)自行设计报表。财务报表系统提供的格式设计功能,可以设置报表尺寸、设置组合单元、画表格线、调整行高列宽、设置字体和颜色、设置显示比例等。根据需求定义公式,轻松地从畅捷通系统和其他子系统中提取数据,生成财务报表。

(2)调用模板生成报表。财务报表系统内置多个行业的标准财务报表模板,包括最新的现金流量表,从而方便用户制作标准报表。

2.报表编制的基本概念及基本原理

(1)报表结构。一般情况下,报表由 4 个基本要素组成:表题、表头、表身和表注。

(2)格式状态和数据状态。报表制作分为两大部分来处理,即报表格式与公式设计工作、报表数据处理工作,这两部分的工作是在不同状态下进行的。

一是格式状态。在报表格式设计状态下进行有关格式设计的操作,如设置报表尺寸、行高列宽、单元属性、单元风格、组合单元、关键字,定义报表的单元公式、审核公式及舍位平衡公式。

二是数据状态。在报表的数据状态下管理报表的数据,如输入数据、增加或删除表页、审核、舍位平衡、制作图形、汇总、合并报表等。在数据状态下不能修改报表的格式,我们看到的是报表的全部内容,包括格式和数据。

报表工作区的左下角有一个"格式/数据"按钮。单击这个按钮可以在"格式状态"和"数据状态"之间切换。

（一）自定义会计报表编制

【工作实例一】

编制一张"产品成本明细表"，报表标题"产品成本费用明细表"采用黑体，16 磅字，报表居中。

产品成本费用明细表

编制单位:绍兴新力达有限责任公司 　　　　　　　　年　　月 　　　　　　　　单位:元

产品	直接材料	直接人工	制造费用	合计
台布（桌布）				

会计主管:　　　　　　　　　　　　　　　　　　　　制表人:

操作步骤:

（1）在畅捷通系统主界面中,以账套主管"301 陈挺"身份注册进入,单击"财务报表",打开"日积月累"对话框,如图 4.1 所示。

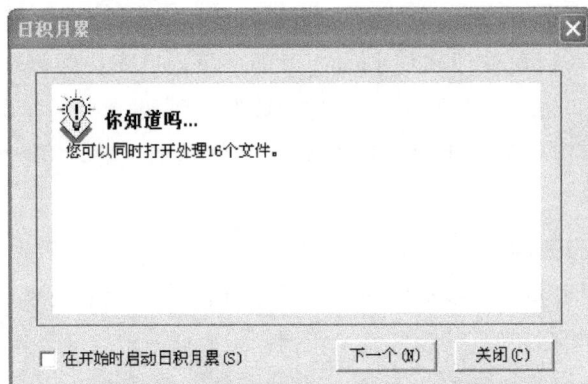

图 4.1　日积月累

（2）单击"关闭"按钮,进入"财务报表"窗口。

（3）依次单击"文件""新建"命令,系统自动显示一张空白表 report1,并自动进入格式状态。

（4）依次单击"格式""表尺寸"命令,打开"表尺寸"对话框。

（5）在"行数"对应框内输入"6",在"列数"对应框内输入"6",如图 4.2 所示。

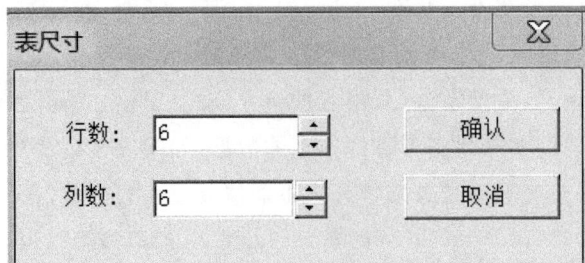

图 4.2　表尺寸

(6)单击"确认"按钮,则屏幕只保留 6 行 6 列,其余部分为灰色。

(7)在 A1 单元输入报表标题"产品成本费用明细表"。用鼠标选中 A1:F1 区域,然后依次单击"格式""组合单元"命令,打开"组合单元"对话框,如图 4.3 所示。

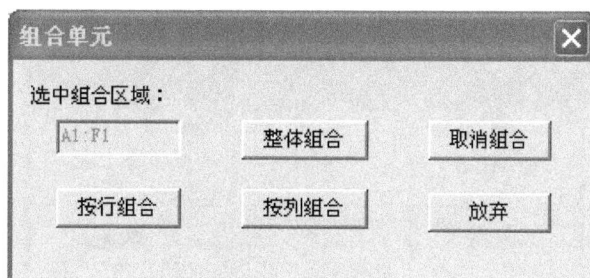

图 4.3　组合单元

(8)单击"整体组合"或"按行组合"按钮,将 A1:F1 组合为一个单元,并单击"居中"按钮。

(9)依次单击"格式""单元属性"命令,设置表头字体"黑体",字号"16 磅",然后单击"确定"按钮确认。

(10)依次单击"文件""保存"命令,打开"另存为"对话框。输入文件名"产品成本费用明细表",并保存在设定目录中。

【工作实例二】

设置标题和关键字为"年""月",设置第一行行高为 8 毫米并设置表格线,将 B4:F10 区域设置为带千位分隔的数值格式。

操作步骤:

(1)组合 A2:B2 单元,输入"编报单位:绍兴新力达有限责任公司",然后单击工具栏中的"左对齐"按钮。

(2)在 F2 单元中,输入"单位:元",然后单击工具栏中的"右对齐"按钮。

(3)选中 D2 单元,依次单击"数据""关键字""设置"命令,打开"设置关键字"对话框。选择关键字"年",如图 4.4 所示。

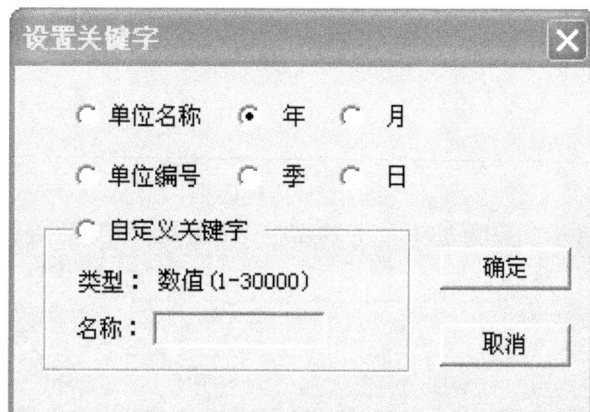

图 4.4　设置关键字

（4）单击"确定"按钮退出，D2 单元显示红色字体"××××年"，其中的"××××"标注了日期的位置。

（5）单击 E2 单元，设置关键字"月"。

（6）选中第 1 行，依次单击"格式""行高"命令，打开"行高"对话框。

（7）在"行高"对应框内输入设定的行高值 8，如图 4.5 所示。然后单击"确认"按钮。

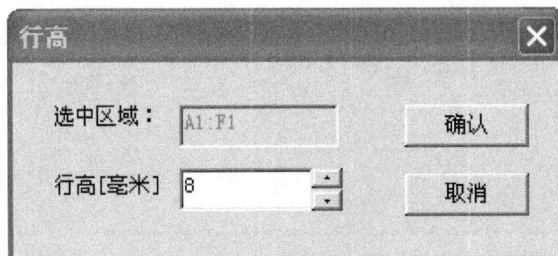

图 4.5　行高设置

（8）选中报表中需要画线的区域——A3：E5 区域。依次单击"格式""区域画线"命令，打开"区域画线"对话框。选中"网线"单选框，如图 4.6 所示，然后单击"确认"按钮。

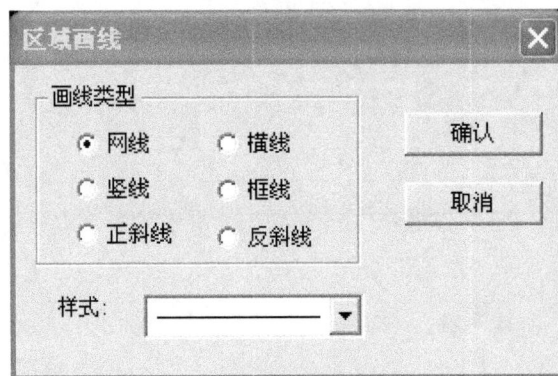

图 4.6　区域画线设置

（9）选中 B4：E4 区域，再依次单击"格式""单元属性"命令，打开"单元格属性"对话框。

（10）选择单元类型"数值"，选中"逗号"复选框。

【工作实例三】

对表格中的费用设定单元公式。

操作步骤：

（1）选中 B4 单元，单击"fx"按钮，打开"定义公式"对话框，如图 4.7 所示。

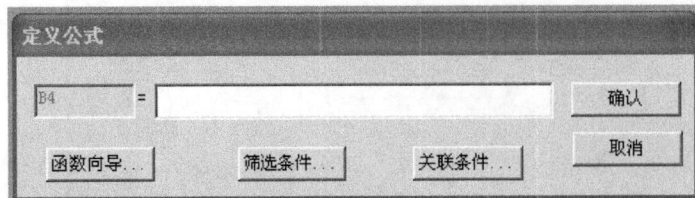

图 4.7　定义公式

(2)单击"函数向导"按钮,打开"函数向导"对话框。

(3)选择左边"函数分类(C):"列表框中的"用友账务函数"选项,选择右边"函数名(N):"列表框中的"发生(FS)"选项,如图 4.8 所示。

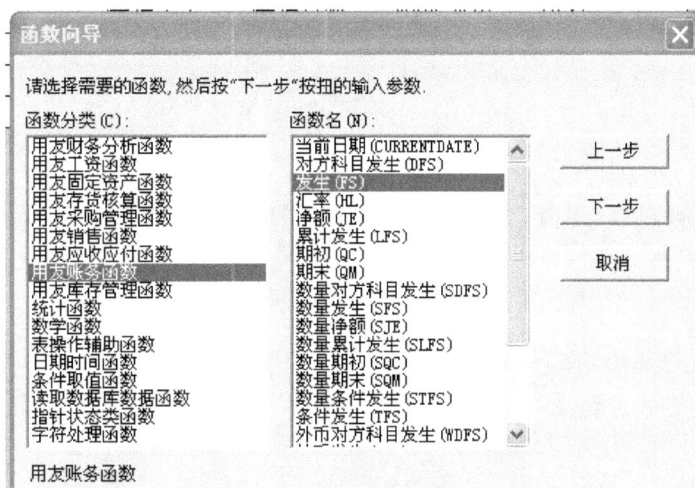

图 4.8　用友账务函数设置

(4)单击"下一步"按钮,进入"用友账务函数"对话框,如图 4.9 所示。

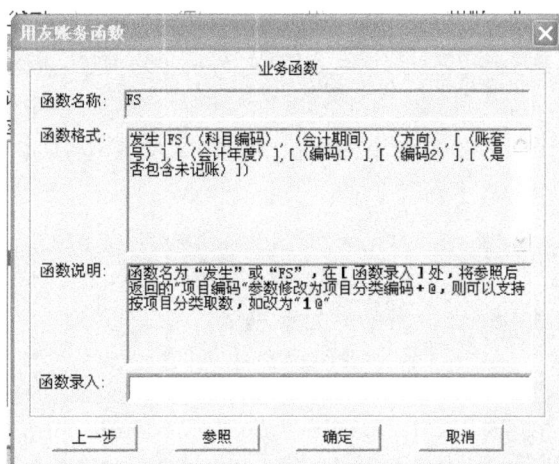

图 4.9　用友账务函数对话框

(5)单击"参照"按钮,打开"账务函数"对话框。选择科目"400101",如图 4.10 所示,然后单击"确定"按钮返回。

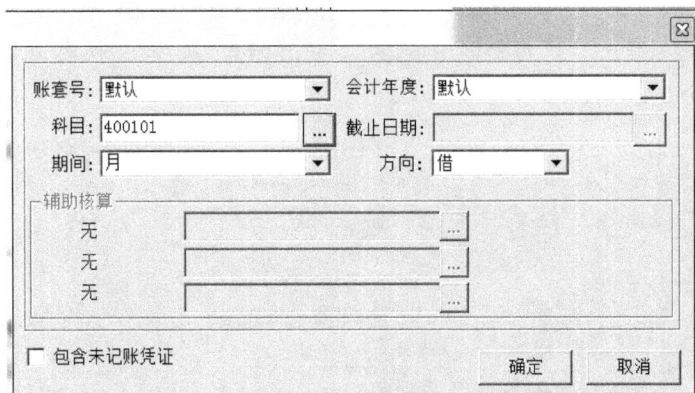

图 4.10　选择科目

（6）公式定义完毕返回后，B4 单元中显示"单元公式"字样，公式显示在公式栏中。

（7）继续依次完成公式设置。

【工作实例四】

对表格中的合计设定单元公式。

操作步骤：

（1）选择 E4 单元，单击"fx"按钮，打开"定义公式"对话框。单击"函数向导"按钮，打开"函数向导"对话框。

（2）选择左边"函数分类（C）："列表框中的"统计函数"选项，选择右边"函数名（N）："列表框中的"PTOTAL"选项，如图 4.11 所示。

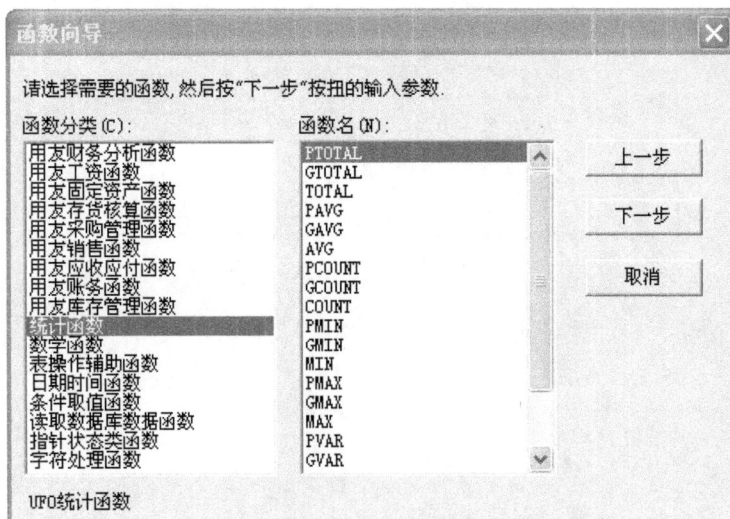

图 4.11　统计函数设置

(3)单击"下一步"按钮,打开"固定区统计函数"对话框,如图 4.12 所示。

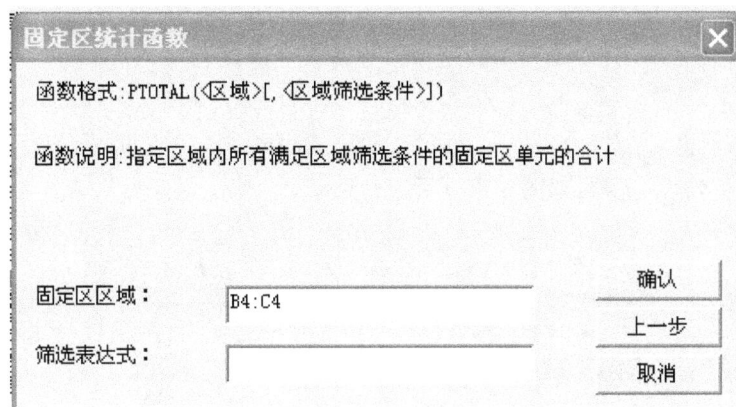

图 4.12 "固定区统计函数"对话框

(4)单击"确认"按钮返回。

【工作实例五】

输入关键字。

操作步骤:

(1)依次单击"格式""数据"命令,切换到数据状态。

(2)依次单击"数据""关键字""录入"命令,打开"录入关键字"对话框,录入关键字"2019"和"11",如图 4.13 所示。

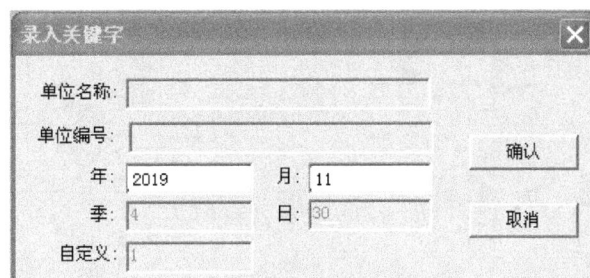

图 4.13 录入关键字

(3)单击"确认"按钮,系统弹出"是否重算第 1 页"信息提示框。单击"是"按钮,系统自动获取费用数据。

(二)利用模板编制财务报告

【工作实例】

利用模板编制公司 2019 年 11 月份的资产负债表。

操作步骤：

（1）在报表系统中，依次单击"文件""新建"命令，新建一张报表。

（2）在格式状态下，依次单击"格式""报表模板"命令，打开"报表模板"对话框。

（3）从"您所在的行业："下拉列表框中选择"小企业会计准则（2013年）"选项，从"财务报表"下拉列表框中选择"资产负债表"选项，如图4.14所示。

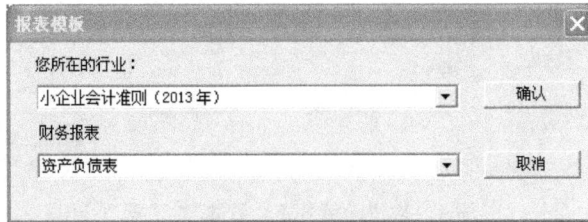

图4.14 报表模板

（4）单击"确认"按钮，系统弹出"模板格式将要覆盖本报表格式！是否继续？"信息提示框。单击"确定"按钮，打开资产负债表模板，如图4.15所示。

图4.15 资产负债表模板

（5）依次单击"格式""数据"按钮，切换到数据状态。

（6）依次单击"关键字""录入"命令，打开"录入关键字"对话框。输入关键字"2019年11月30日"，单击"确认"按钮，系统弹出"是否重算第1页？"信息提示框。单击"是"按钮，生成资产负债表数据。

技术支持：

●若想生成别的报表,则重复利用模板编制财务报表的步骤,选择需要的报表即可,有时间可以自己尝试生成利润表。

●教师可以讲解未分配利润的公式,将报表中错误的公式修改过来。

【温馨提示】

请在学完本项目后,完成附录一总账练习,后面的项目五和项目六是以该练习为依据的。

项目五：工资管理

说明：本项目相关内容和数据以附录一为依据。

任务引例：

明月电子有限公司在建立账套后，使用工资系统对员工工资进行核算，划分不同的人员类别，整理与工资核算有关的工资项目等。

知识准备与业务操作：

工资管理系统的主要功能包括工资类别设置、人员档案设置、工资数据管理等。

(一)建立工资账套

【工作实例】

明月电子有限责任公司目前采用银行代发工资的形式，工资发放时直接扣除个人所得税。

操作步骤：

(1)以账套主管身份注册进入畅捷通系统主界面，单击"工资"按钮，打开"建立工资套"对话框。

(2)在"参数设置"中，选择本账套所需处理的工资类别个数"单个"，默认币别名称为"人民币"。

(3)单击"下一步"按钮，在"扣税设置"中，选中"是否从工资中代扣个人所得税"单选框，如图5.1所示。

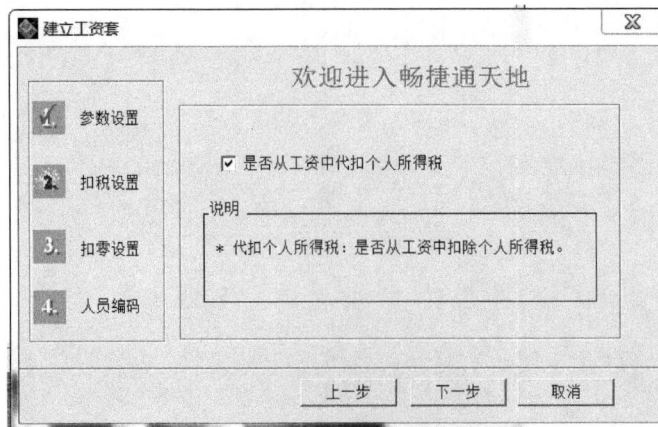

图 5.1 "扣税设置"窗口

(4)单击"下一步"按钮,在"扣零设置"中,不做选择,如图 5.2 所示。

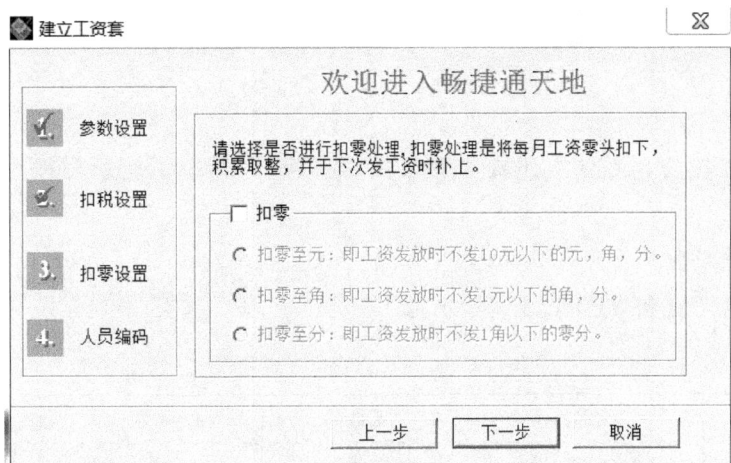

图 5.2 "扣零设置"窗口

(5)单击"下一步"按钮,在"人员编码"中,单击"人员编码长度"微调框下箭头,将人员编码长度设置为"4",并设置本账套的启用日期为"2020-01-01",如图 5.3 所示。

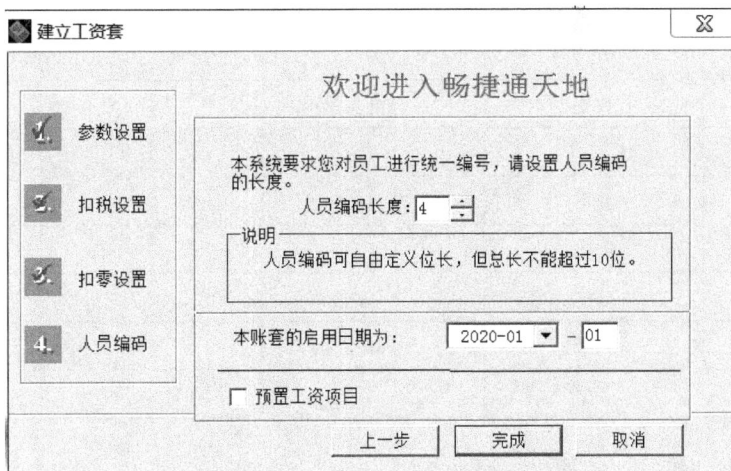

图 5.3 "人员编码长度"设置窗口

(6)单击"完成"按钮,暂不建立人员类别。

技术支持:

●建立工资账套之前需要由账套主管人员在系统管理中启用工资系统,启用日期为 2020 年 1 月 1 日。

●本企业设置 4 位人员编码。

（二）基础信息设置

【工作实例】

明月电子有限责任公司在建立工资账套以后，要对整个系统运行所需的一些信息进行设置，包括：

①公司的人员类别分为管理人员、销售人员、生产人员三类。

②公司正式职工工资项目（如表5.1所示）。

表5.1　公司正式职工工资项目

工资项目名称	类型	长度	小数	增减项
基本工资	数字	8	2	增项
岗位津贴	数字	8	2	增项
奖金	数字	8	2	增项
应发合计	数字	10	2	增项
养老保险	数字	8	2	减项
医疗保险	数字	8	2	减项
失业保险	数字	8	2	减项
住房公积金	数字	8	2	减项
其他扣款	数字	8	2	减项
扣款合计	数字	10	2	减项
代扣税	数字	10	2	减项
实发合计	数字	10	2	增项
请假天数	数字	8	2	其他

③公司代发工资的银行为工商银行城南支行。

操作步骤一：

（1）依次单击"工资""设置""人员类别设置"命令，打开"类别设置"对话框。

（2）在"类别"对应框内选中"无类别"，输入"管理人员"，然后单击"增加"按钮。

（3）以此类推，输入其他人员类别，如图5.4所示。全部增加完毕后，单击"返回"按钮。

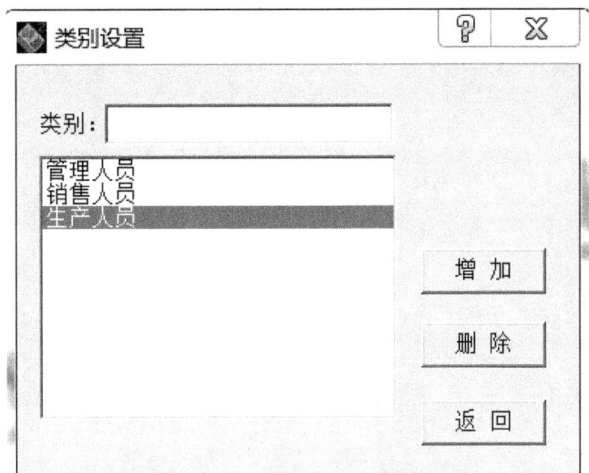

图 5.4　"人员类别设置"窗口

操作步骤二：

（1）依次单击"工资""设置""工资项目设置"命令，打开"工资项目设置"对话框。

（2）单击"增加"按钮，在"工资项目"列表中增加一空行。

（3）单击"名称参照"下拉列表框，从下拉列表中选择"基本工资"选项，如图 5.5 所示。

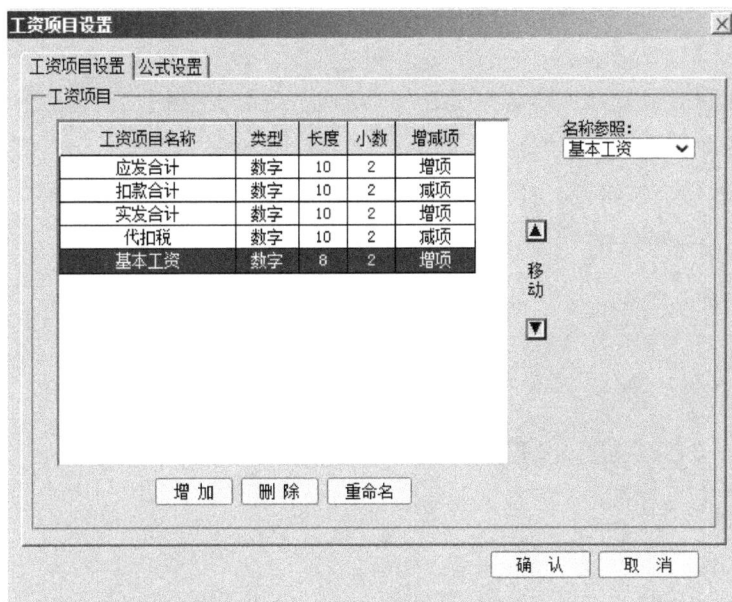

图 5.5　增加"基本工资"项目

（4）单击"类型"栏，单击下拉列表框，从下拉列表中选择"数字"选项。

（5）"长度"采用系统默认值"8"。双击"小数"栏，单击微调框的上箭头，将小数设为"2"。

（6）双击"增减项"按钮，单击下拉列表框，从下拉列表中选择"增项"选项。

（7）单击"增加"按钮，增加其他工资项目，如图 5.6 所示。

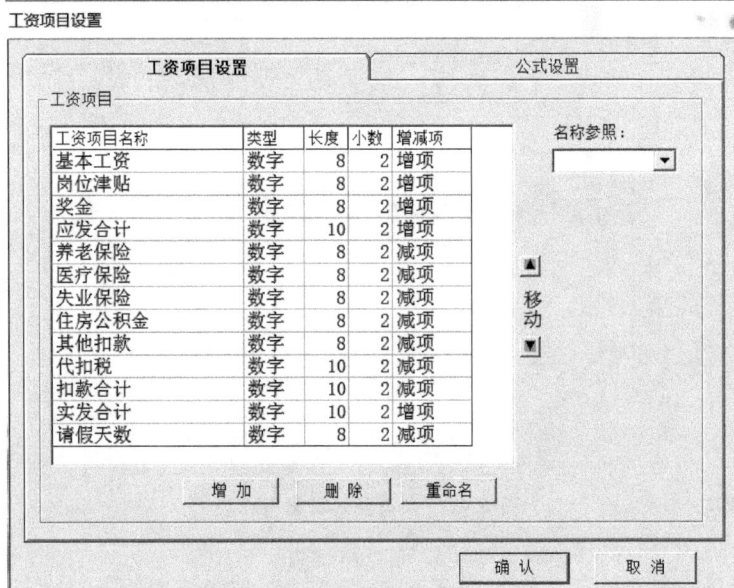

图 5.6 "工资项目设置"窗口

(8)单击"确认"按钮,出现提示"工资项目已经改变,请确认各工资类别的公式是否正确",单击"确定"按钮。

操作步骤三:

(1)依次单击"工资""设置""银行名称设置"命令,打开"银行名称设置"对话框。其中已预设了三个银行:建设银行、农业银行和上海农商银行。

(2)单击"增加"按钮,在"银行名称"对应框内输入"工商银行城南支行",默认勾选"账号定长"且账号长度为"11",如图 5.7 所示。

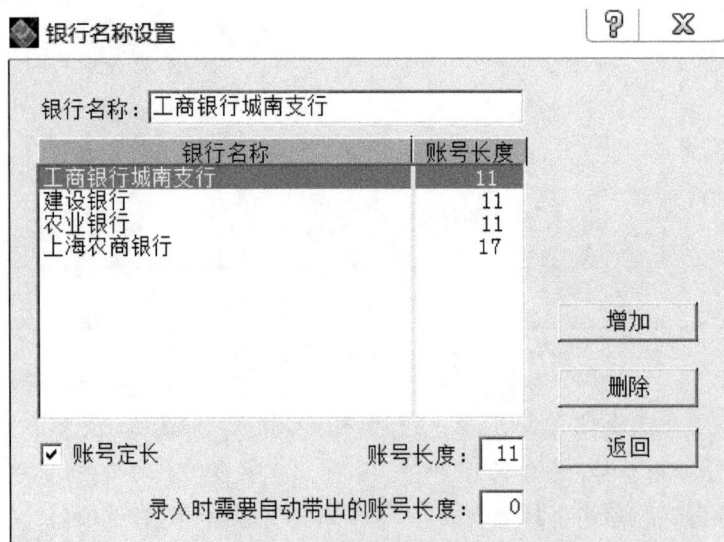

图 5.7 "银行名称设置"窗口

（3）单击列表中的"建设银行"，再单击"删除"按钮，弹出系统提示："删除银行将相关文件及设置一并删除，是否继续？"单击"是"按钮，用同样的方法删除其他不相关的银行。

（4）单击"返回"按钮。

（三）工资类别设置

【工作实例】

明月电子有限责任公司在建立工资账套以后，按照工资类别进行工资系统的管理，包括：

1.设置人员档案

公司人员档案信息如表5.2所示。

表 5.2　公司人员档案信息

人员编号	人员姓名	部门名称	人员类别	账号	是否计税
1001	肖正	企管部	管理人员	20130010001	是
2001	张进	财务部	管理人员	20130010002	是
2002	王晶	财务部	管理人员	20130010003	是
2003	张芳	财务部	管理人员	20130010004	是
3001	李思雨	人事部	管理人员	20130010005	是
4001	马云	采购部	管理人员	20130010006	是
5001	韩伟伟	销售部	销售人员	20130010007	是
6001	田凯	生产部	生产人员	20130010008	是
6002	王丽	生产部	生产人员	20130010009	是

2.设置计算公式

公司正式员工工资项目之间的数据关系如下：

企业管理人员和销售人员的岗位津贴为每月1000元，生产人员的岗位津贴为每月500元。

应发合计＝基本工资＋岗位津贴＋奖金

养老保险＝应发合计×8％

医疗保险＝应发合计×2％

失业保险＝应发合计×1％

住房公积金＝应发合计×10％

其他扣款＝请假天数×50

扣款合计＝代扣税＋其他扣款＋住房公积金＋失业保险＋医疗保险＋养老保险

实发合计＝应发合计－扣款合计

3.录入期初数据。

公司正式员工工资情况如表5.3所示。

表 5.3 公司正式员工工资情况

姓名	基本工资(元)	奖金(元)
肖正	5 000	500
张进	3 500	300
王晶	3 000	300
张芳	2 500	200
李思雨	3 000	300
马云	2 500	200
韩伟伟	2 480	300
田凯	2 500	300
王丽	2 500	300

操作步骤一：

(1)依次单击"工资""设置""人员档案"命令，进入"人员档案"窗口。

(2)单击工具栏中的"增加"按钮，打开"人员档案"对话框。在"基本信息"选项卡中输入人员编号"1001"；单击"人员姓名"参照按钮，从"人员参照"列表中选择"肖正"或直接输入人员姓名；单击"部门名称"下拉列表框，从下拉列表中选择"企管部"选项；单击"人员类别"下拉列表框，从下拉列表框中选择"管理人员"；单击"银行名称"下拉列表框，从下拉列表中选择"工商银行城南支行"；输入银行账号"20130010001"，如图 5.8 所示。单击"确认"按钮。

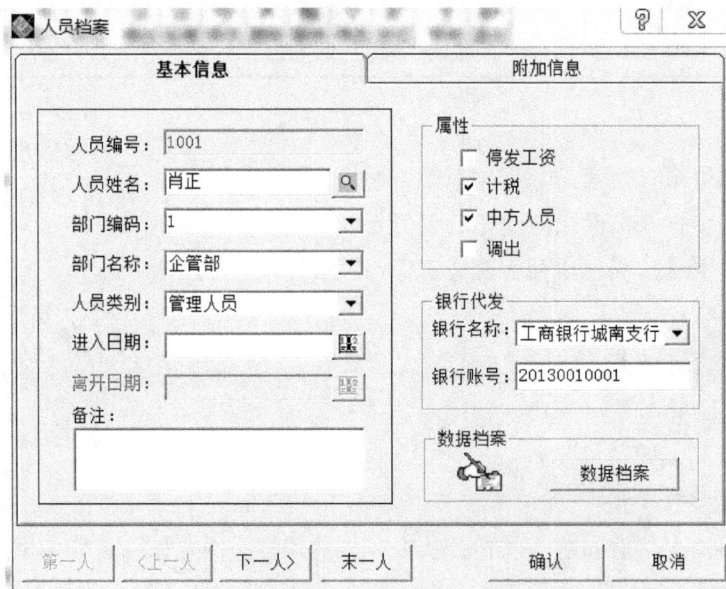

图 5.8 "人员档案"窗口

(3)依上述顺序输入所有人员档案，最后单击工具栏中的"退出"按钮。

操作步骤二：

(1)在"工资项目设置"对话框中选择"公式设置"选项。

(2)单击"增加"按钮,在"工资项目"列表中增加一个空行,单击下拉列表框,选择"其他扣款"选项,如图 5.9 所示。

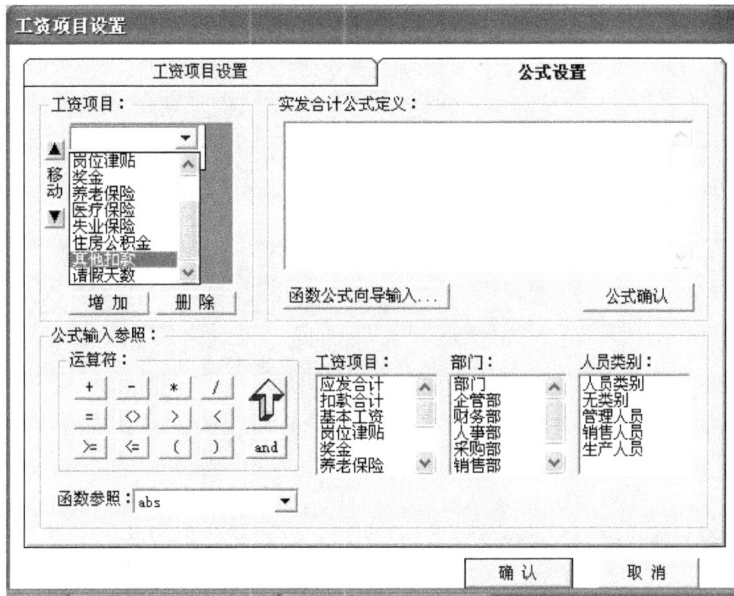

图 5.9 "工资项目设置—公式设置"窗口

(3)单击"实发合计公式定义"对应文本框,再单击"工资项目"列表框中的"请假天数"。

(4)单击运算符"＊",将鼠标定位到"＊"后面,输入数字"50",如图 5.10 所示,然后单击"公式确认"按钮。

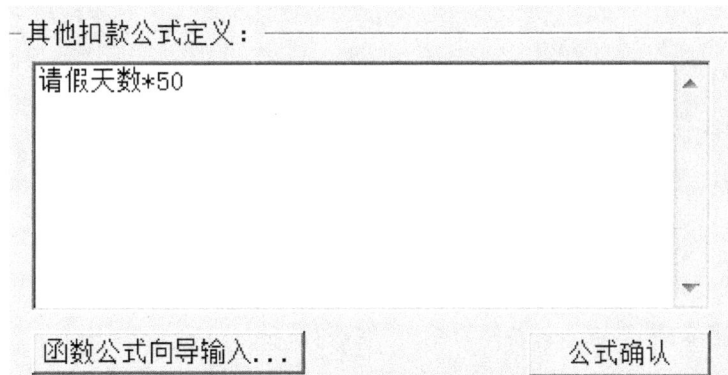

图 5.10 输入其他扣款公式定义

(5)单击"增加"按钮,在"工资项目"列表中增加一个空行,单击下拉列表框,从中选择"岗位津贴"选项,继续设置公式:岗位津贴＝iff(人员类别＝"管理人员"－or－人员类别＝"销售人员",1000,500)。

(6)单击"实发合计公式定义"对应文本框,再单击"函数公式向导输入"按钮,打开"函数向导——

步骤之 1"对话框,如图 5.11 所示。

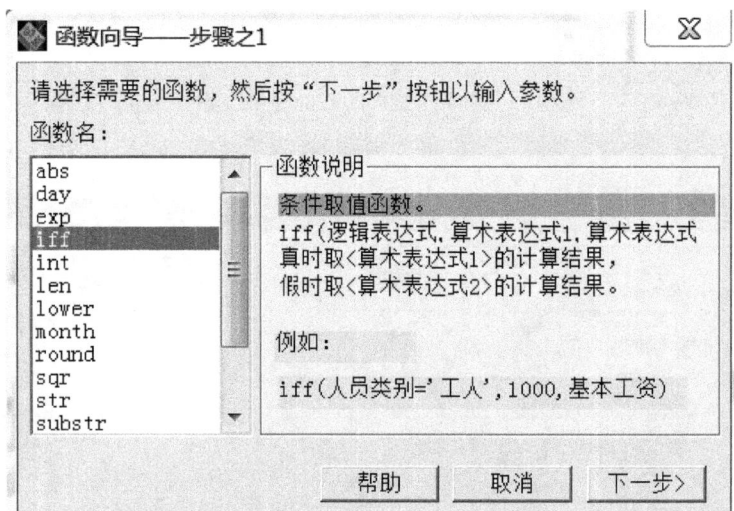

图 5.11 "函数向导——步骤之 1"窗口

(7)从"函数名"列表框中选择 iff,然后单击"下一步"按钮,打开"函数向导——步骤之 2"对话框,如图 5.12 所示。

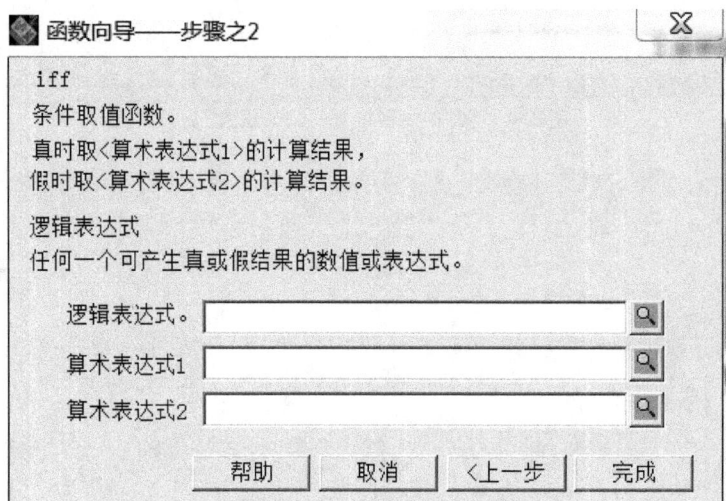

图 5.12 "函数向导—步骤之 2"窗口

(8)单击"逻辑表达式"参照按钮,打开"参照"对话框。从"参照"下拉列表框中选择"人员类别"选项,从下面的列表框中选择"管理人员",然后单击"确认"按钮。

(9)将鼠标定位到"逻辑表达式"对应文本框中的公式后,输入 or,再次单击"逻辑表达式"参照按钮,出现"参照"对话框,从"参照"下拉列表框中选择"人员类别"选项,从下面的列表框中选择"销售人员",然后单击"确认"按钮,返回"函数向导——步骤之 2"对话框,如图 5.13 所示。

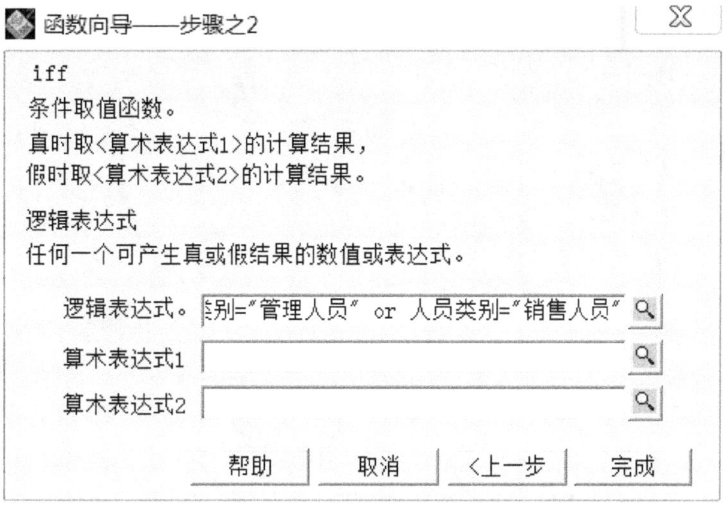

图 5.13　逻辑表达式

（10）在"算术表达式 1"后的文本框中输入"1000"，在"算术表达式 2"后的文本框中输入"500"，单击"完成"按钮，返回"公式设置"选项卡，如图 5.14 所示，然后单击"公式确认"按钮。

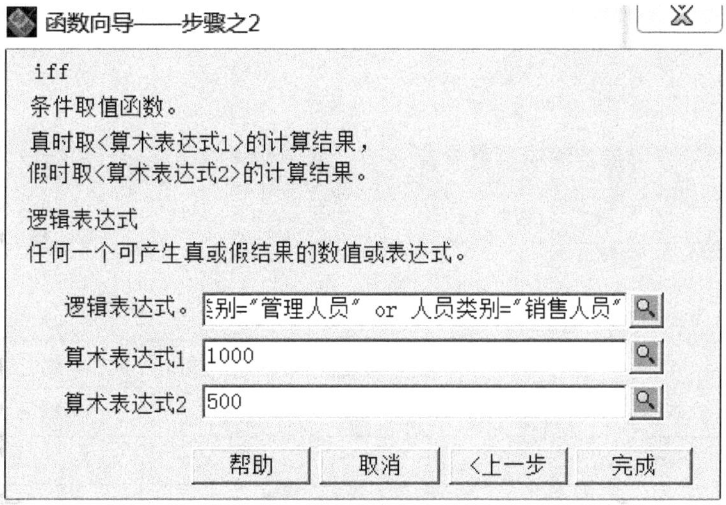

图 5.14　完成"岗位津贴"公式设置

（11）请自行设置其他工资项目计算公式。

操作步骤三：

（1）依次单击"工资""业务处理""工资变动"命令，进入"工资变动"窗口。

（2）单击"过滤器"下拉列表框，选择"过滤设置"，打开"项目过滤"对话框。

（3）选择"工资项目"列表框中的"基本工资"项目，单击"＞"按钮，进入"已选项目"列表中。同样，选择"奖金"到"已选项目"列表中，如图 5.15 所示。

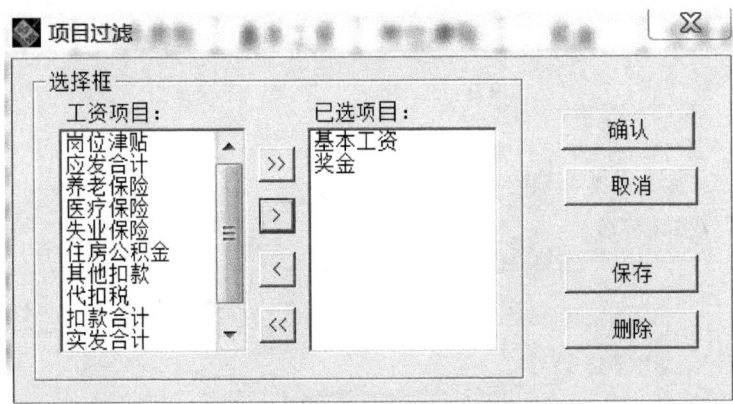

图 5.15 "项目过滤"窗口

(4)单击"确认"按钮,返回"工资变动"窗口,窗口只显示"基本工资""奖金"两个项目。

(5)输入基本工资和奖金数据。

(6)单击"过滤器"下拉列表框,选择"所有项目"选项,屏幕上显示所有的工资项目。

(四)工资管理系统日常业务处理

【工作实例】

明月电子有限责任公司每月需对工资管理系统的日常业务进行处理,包括以下内容。

1. 工资变动

本月考勤结果如表 5.4 所示。

表 5.4 公司本月考勤结果

姓 名	请假天数
韩伟伟	1
王 丽	2

2. 个人所得税的计算与申报

(1)设置个人所得税的纳税基数为 5000 元,附加费用为 0 元。

(2)重新计算工人个人工资数据,查看个人所得税。

3. 工资分摊

(1)工资分摊类别设置:公司应付工资总额等于工资项目"应发合计",应付福利费、工会经费、职工教育费也以此为计提基数,如表 5.5 所示。

表 5.5　公司各部门工资分摊情况　　　　　　　　　　　　　　　单位：元

部门	人员类别	工资分摊							
		应付工资		应付福利费/14%		工会经费/2%		职工教育经费/1.5%	
		借方	贷方	借方	贷方	借方	贷方	借方	贷方
企管部、财务部、人事部、采购部	管理人员	560 209	221 101	560 212	221 103	560 214	221 106	560 214	221 107
销售部	销售人员	560 107	221 101	560 108	221 103	560 109	221 106	560 110	221 107
生产部	生产人员	400 102	221 101	400 102	221 103	400 102	221 106	400 102	221 107

（2）工资分摊。

操作步骤一：

（1）依次单击"工资""业务处理""工资变动"命令，进入"工资变动"窗口。

（2）单击左上角的"过滤器"下拉列表框，选择"过滤设置"选项，打开"项目过滤"对话框。

（3）从左侧的"工资项目"列表中选择"请假天数"到已选项目列表中。

（4）单击"确定"按钮返回，"工资变动"窗口中仅保留"请假天数"项目。输入本月考勤情况。

（5）完成后从"过滤器"下拉列表框中选择"所有项目"。

操作步骤二：

1.设置所得税税率

（1）依次单击"工资""业务处理""扣缴所得税"命令，弹出系统提示，单击"确定"按钮，打开"栏目选择"对话框，如图 5.16 所示。

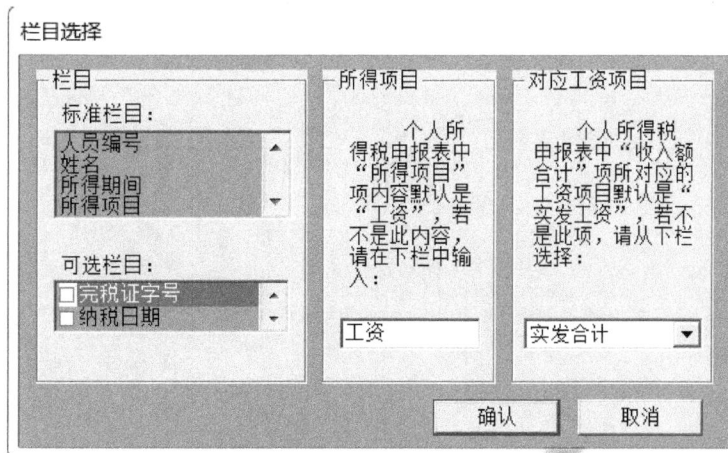

图 5.16　"栏目选择"窗口

（2）默认各项设置，单击"确认"按钮。

（3）单击工具栏中的"税率表"按钮，修改个人所得税纳税基数为"5000"，附加费用为"0"，如图5.17所示。单击"确认"按钮，弹出系统提示，单击"否"按钮退出。

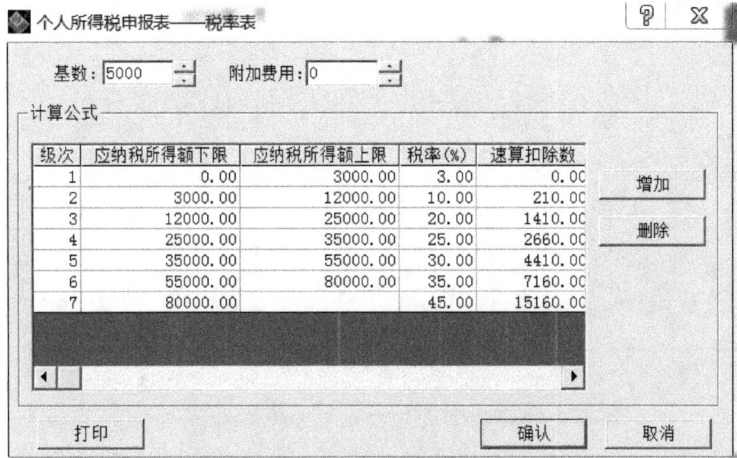

图 5.17 "税率表"窗口

（4）在"个人所得税扣缴申报表"窗口中，单击工具栏中的"退出"按钮。

2.计算个人所得税

（1）在"工资变动"窗口中，单击工具栏中的"重新计算"按钮，计算工资。

（2）单击工具栏中的"汇总"按钮，汇总工资数据。

（3）单击工具栏中的"退出"按钮，退出"工资变动"窗口。

（4）依次单击"工资""业务处理""扣缴所得税"命令，打开"栏目选择"对话框。

（5）单击"确认"按钮，进入"个人所得税扣缴申报表"窗口。

操作步骤三：

1.工资分摊类型设置

（1）依次单击"工资""业务处理""工资分摊"命令，打开"工资分摊"对话框，如图5.18所示。

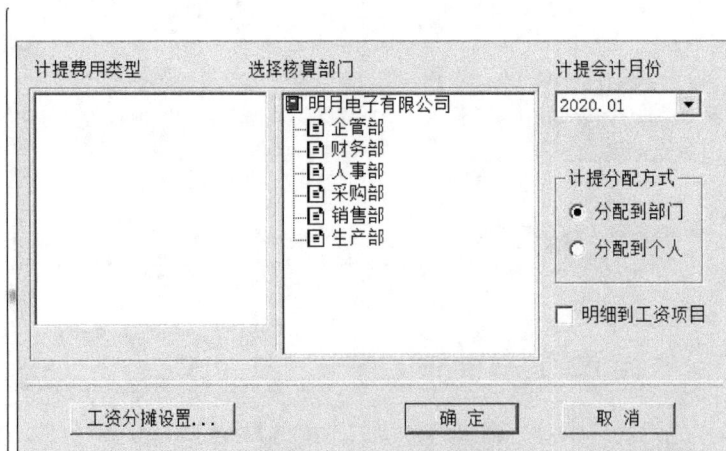

图 5.18 "工资分摊"窗口

(2)单击"工资分摊设置"按钮,打开"分摊类型设置"对话框。

(3)单击"增加"按钮,打开"分摊计提比例设置"对话框。输入计提类型名称"应付工资",如图5.19所示。

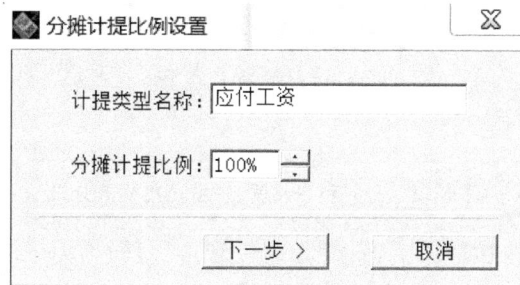

图 5.19 "分摊计提比例设置"窗口

(4)单击"下一步"按钮,打开"分摊构成设置"对话框。

(5)按实验资料内容进行设置,如图5.20所示。返回"分摊类型设置"对话框,继续设置应付福利费、工会经费、职工教育经费等分摊计提项目。

图 5.20 "分摊构成设置"窗口

2.工资分摊

(1)依次单击"工资""业务处理""工资分摊"命令,打开"工资分摊"对话框。

(2)选择需要分摊的计提费用类型,确定分摊计提的月份为"2020.01"。

(3)选择核算部门:企管部、财务部、人事部、采购部、销售部、生产部。

(4)选中"明细到工资项目"复选框,如图5.21所示。

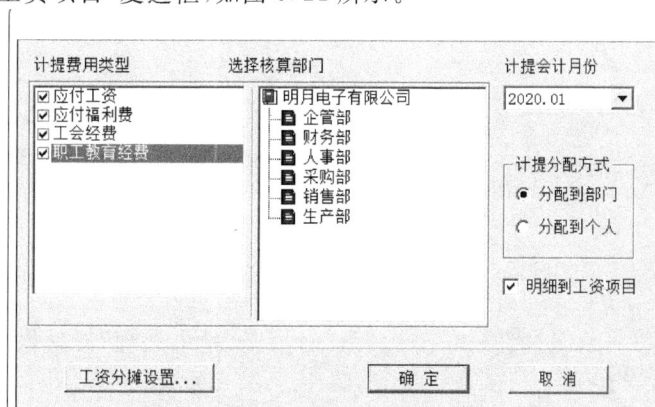

图 5.21 工资分摊明细到工资项目

(5)单击"确定"按钮,打开"工资分摊明细"对话框。

(6)选中"合并科目相同、辅助项相同的分录"单选框,如图5.22所示。

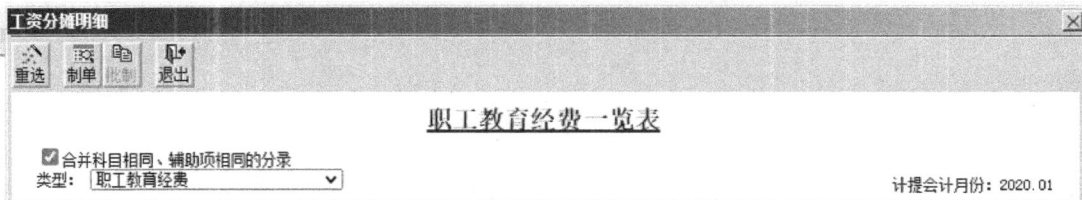

图5.22 合并科目相同、辅助项相同的分录

(7)单击"制单"按钮,单击凭证左上角的"字"处,单击"保存"按钮,凭证左上角出现"已生成"标志,代表该凭证已传递到总账,如图5.23所示。

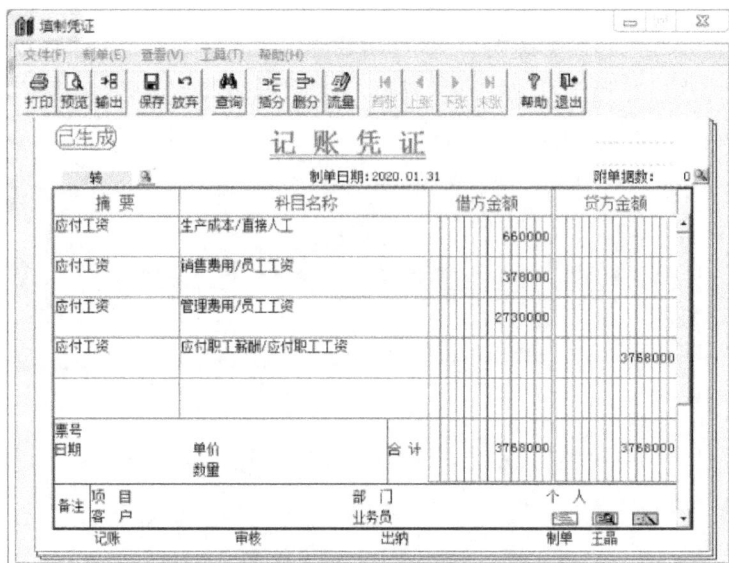

图5.23 凭证生成

(8)单击工具栏中的"退出"按钮,返回"工资分摊明细"界面。

(9)从"类型"下拉列表框中选择其他类型,继续生成其他凭证。

(五)工资管理系统期末处理

【工作实例】

明月电子有限责任公司每月月末需要将本月数据处理后结转至下月,此操作由账套主管登录畅捷通系统进行处理。

操作步骤:

(1)依次单击"工资""业务处理""月末处理"命令,打开"月末处理"对话框。单击"确认"按钮,弹出系统提示:"月末处理之后,本月工资将不许变动!继续月末处理吗?"(如图5.24所示)。

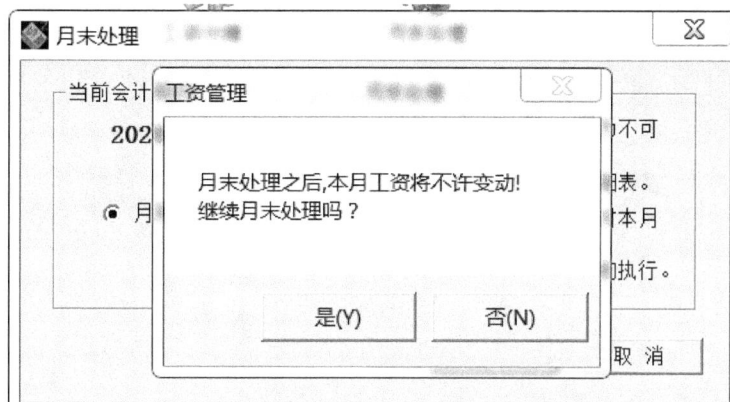

图 5.24 月末处理

(2)单击"是"按钮,系统继续提示:"是否选择清零项?"单击"是"按钮,打开"选择清零项目"对话框。

(3)在"请选择清零项目"列表框中,选择"请假天数""其他扣款"和"奖金",然后单击">"按钮,将所选项目移动到右侧的列表框中,如图 5.25 所示。

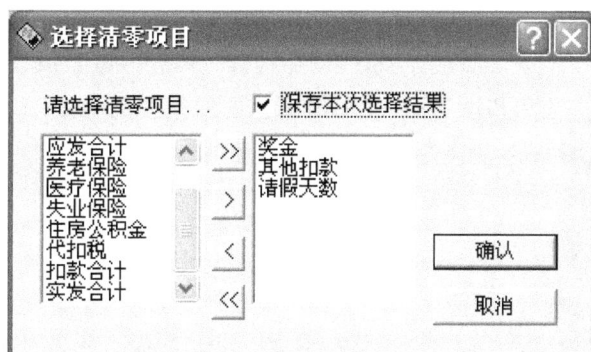

图 5.25 选择清零项目

(4)单击"确认"按钮,弹出系统提示"月末处理完毕!",然后单击"确定"按钮返回。

技术支持:

●月末结转只有在会计年度的 1—11 月进行。

●若为处理多个工资类别,则应打开工资类别,分别进行月末结转。

●若本月工资数据为汇总,则系统不允许月末结转。

●年末结转只有在当月工资数据处理完毕后才能进行,若当月工资数据为汇总,系统将不允许进行年末结转。

项目六：固定资产管理

说明：本项目相关内容和数据以附录一为依据。

任务引例：

明月电子有限责任公司在建立账套后，使用固定资产管理系统对公司的固定资产进行核算，包括固定资产的增加、减少、变动、折旧等。

知识准备与业务操作：

固定资产管理系统可辅助进行固定资产日常业务的核算和管理，生成固定资产卡片，按月反映固定资产的增加、减少、原值变化和其他变动，并输出相应的增减变动明细账，按月自动计提折旧，生成折旧分配凭证，同时输出一些同设备管理相关的报表和账簿。

(一)初始化设置

【工作实例】

(1)明月电子有限责任公司正式启用固定资产管理系统，需要对固定资产账套进行初始化。

(2)完成初始化设置之后，还需要补充设置另外一些参数：公司规定固定资产系统业务处理规则为固定资产"业务发生后立即制单""月末结账前一定要完成制单登账业务"，固定资产默认入账科目为"1601，固定资产"、累计折旧默认入账科目为"1602，累计折旧"。

操作步骤一：

(1)以账套主管身份进入畅捷通系统主界面，单击"固定资产"按钮，弹出"这是第一次打开此账套，还未进行过初始化，是否进行初始化?"信息提示框，如图6.1所示。

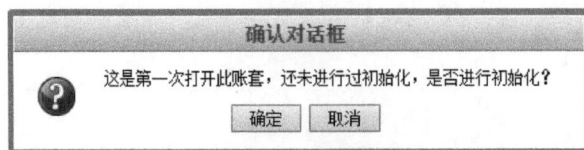

图 6.1　固定资产初始化信息提示

(2)单击"确定"按钮,打开"固定资产初始化向导"对话框。

(3)在"固定资产初始化向导"中的"约定及说明"对话框中,仔细阅读相关条款,选中"我同意"单选框,如图 6.2 所示。"约定与说明"中显示了固定资产账套的基本信息和系统中有关资产管理的基本原则,如序时管理原则、变动后折旧计算和分配汇总原则。

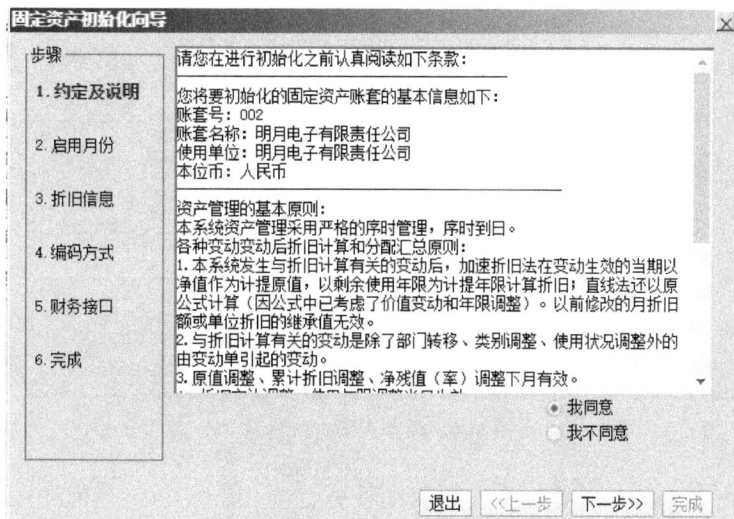

图 6.2 初始化向导

(4)单击"下一步"按钮,打开"固定资产初始化向导"中的"启用月份"对话框,选择账套启用月份"2020.01",如图 6.3 所示。启用日期确定之后,在该日期前的所有固定资产都将作为期初数据,从启用月份开始计提折旧。

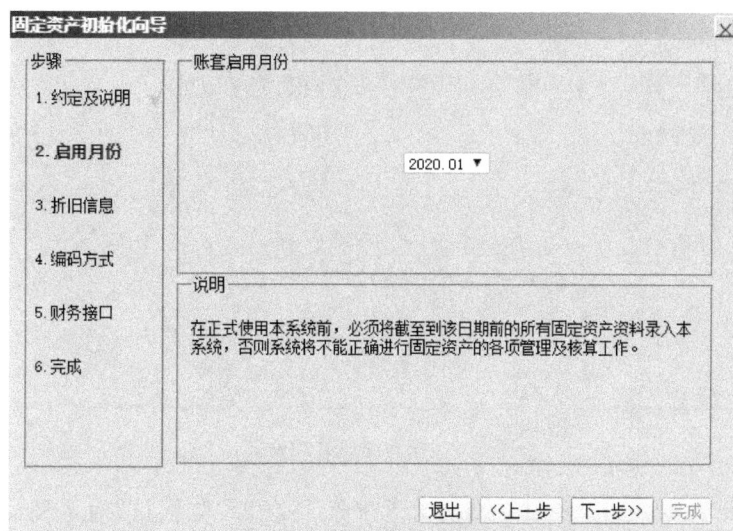

图 6.3 账套启用月份设置

(5)单击"下一步"按钮,打开"固定资产初始化向导"中的"折旧信息"对话框,设定本企业的折旧方案,即确定是否计提折旧、采用什么方法计提折旧、多长时间进行折旧汇总分配。选中"本账套计提折旧"复选框,选择主要折旧方法"平均年限法(一)",折旧汇总分配周期"1 个月",选中"当(月初已计提月份＝可使用月份－1)时将剩余折旧全部提足(工作量法除外)"复选框,如图 6.4 所示。

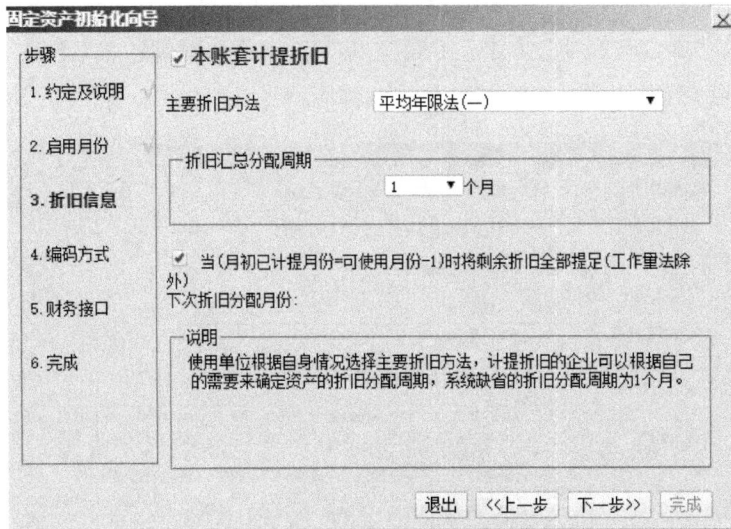

图 6.4　账套折旧方法设置

(6)单击"下一步"按钮,打开"固定资产初始化向导"中的"编码方式"对话框。确定资产类别编码长度"2112";选中"自动编码"单选框,选择固定资产编码方式"类别编号＋部门编号＋序号",选择序号长度"3",如图 6.5 所示。

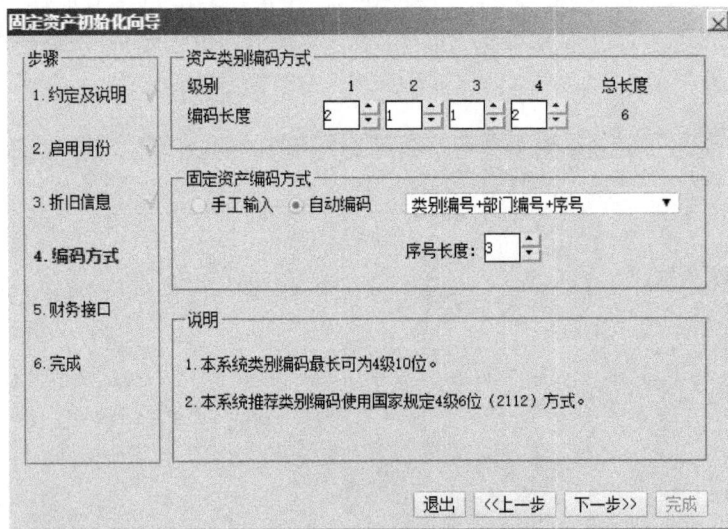

图 6.5　账套编码方式设置

(7)单击"下一步"按钮,打开"固定资产初始化向导"中的"财务接口"对话框。选中"与财务系统进行对账"复选框;选择固定资产的对账科目"1601,固定资产",累计折旧的对账科目"1602,累计折旧",如图 6.6 所示。

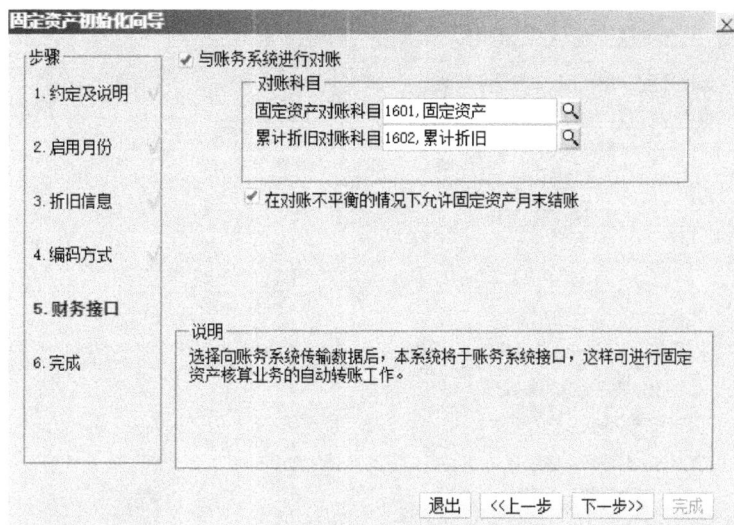

图 6.6　财务接口设置

(8)单击"下一步"按钮,打开"固定资产初始化向导"对话框,如图 6.7 所示。单击"完成"按钮,完成本账套的初始化,弹出"是否确定所设置的信息完全正确并保存对新账套的所有设置?"提示框。

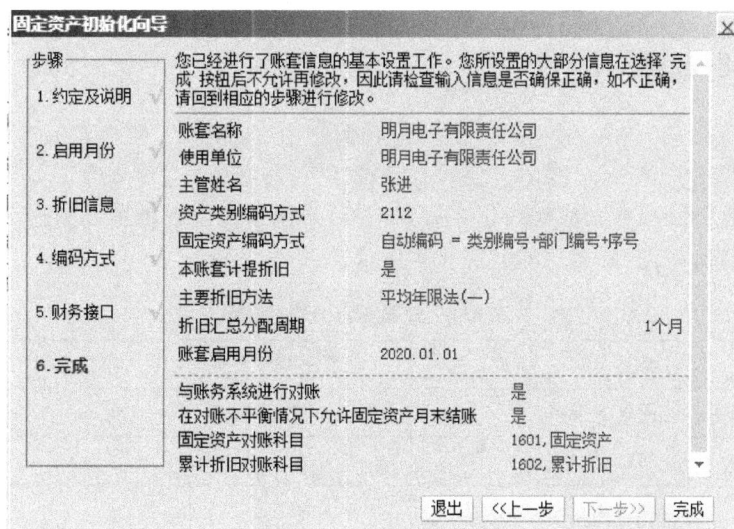

图 6.7　初始化设置完成

(9)单击"是"按钮,系统弹出"已成功初始化本固定资产账套!"信息提示框。单击"确定"按钮,进入固定资产系统。

操作步骤二:

(1)依次单击"固定资产""设置""选项"命令,进入"选项"窗口。

(2)选择"与账务系统接口"选项,选中"业务发生后立即制单""月末结账前一定要完成制单登账业务"复选框;选择默认入账科目为"1601,固定资产""1602,累计折旧",如图 6.8 所示。然后单击"确定"按钮,完成相关设置。

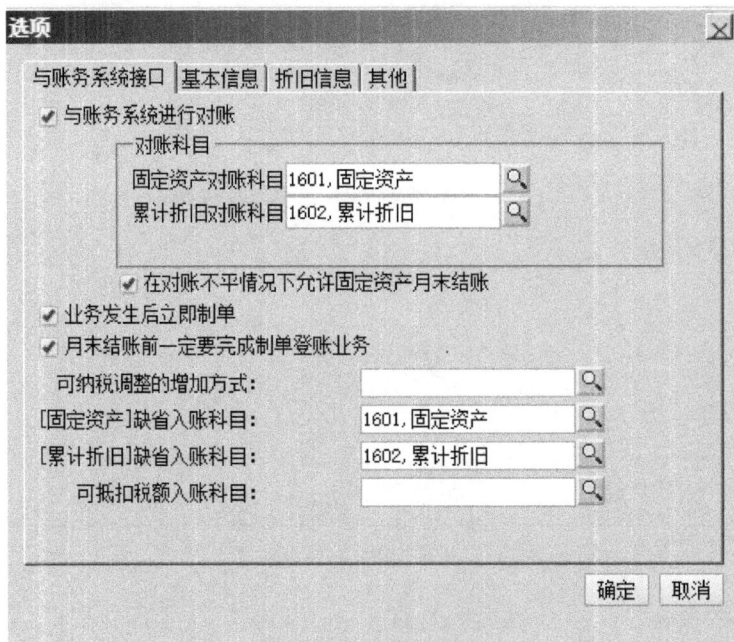

图 6.8 "选项"窗口

(二)设置基础数据

【工作实例】

明月电子有限责任公司在完成初始化之后,需要对系统相关内容的基础数据进行设置。

(1)资产类别设置。资产分类情况如表 6.1 所示。

表6.1 公司资产分类情况

编码	类别名称	净残值率/%	单位	计提属性
01	交通运输设备	2		正常计提
011	经营用设备	2		正常计提
012	非经营用设备	2		正常计提
02	电子设备及其他通信设备	2		正常计提
021	经营用设备	2	台	正常计提
022	非经营用设备	2	台	正常计提

(2)部门对应折旧科目设置:企业企管部、财务部、采购部、人事部折旧科目为"管理费用/折旧",销售部折旧科目为"销售费用/折旧",生产部折旧科目为"制造费用"。

(3)增减方式及对应入账科目设置:购入资产对应入账科目为"1002,银行存款";固定资产毁损减少资产对应入账科目为"1606,固定资产清理"。

操作步骤一:

(1)依次单击"固定资产""设置""资产类别"命令,进入"固定资产分类编码表"窗口。

(2)单击"增加"按钮,输入类别名称"交通运输设备",净残值率为 2%;选择计提属性"正常计提",折旧方法"平均年限法(一)",卡片样式"通用样式",如图 6.9 所示。然后单击"保存"按钮,完成相关设置。

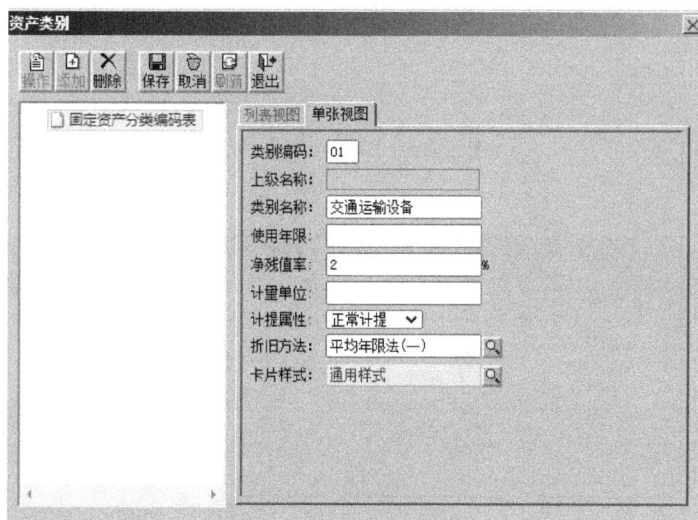

图 6.9 资产类别设置

(3)用同样的方法,完成其他资产类别的设置。

操作步骤二:

(1)依次单击"固定资产""设置""部门对应折旧科目"设置命令,进入"固定资产部门编码目录"窗口。

(2)选择部门"企管部",然后单击"操作"按钮。

(3)选择折旧科目"560210,管理费用/折旧",然后单击"保存"按钮,如图 6.10 所示。

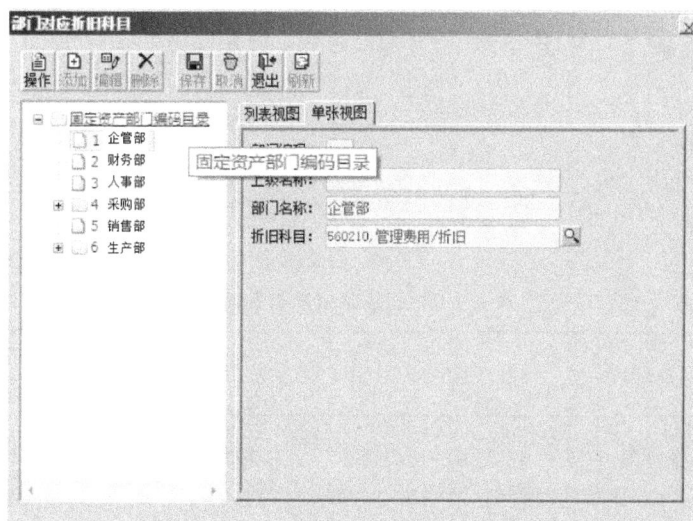

图 6.10 部门对应折旧科目设置

(4)用同样的方法,完成其他部门折旧科目的设置。(财务部、采购部、人事部折旧科目为"560210,管理费用/折旧";销售部折旧科目为"560111,销售费用/折旧";生产部折旧科目为"4101 制造费用"。)

操作步骤三：

（1）依次单击"固定资产""设置""增减方式"命令，进入"增减方式"窗口。

（2）在左边列表框中，单击增加方式下拉列表中的"101 直接购入"，然后单击"操作"按钮。

（3）输入对应入账科目"1002，银行存款"，单击"保存"按钮。

（4）按同样的方法，输入减少方式"206 毁损"的对应入账科目"1606，固定资产清理"，如图 6.11 所示。

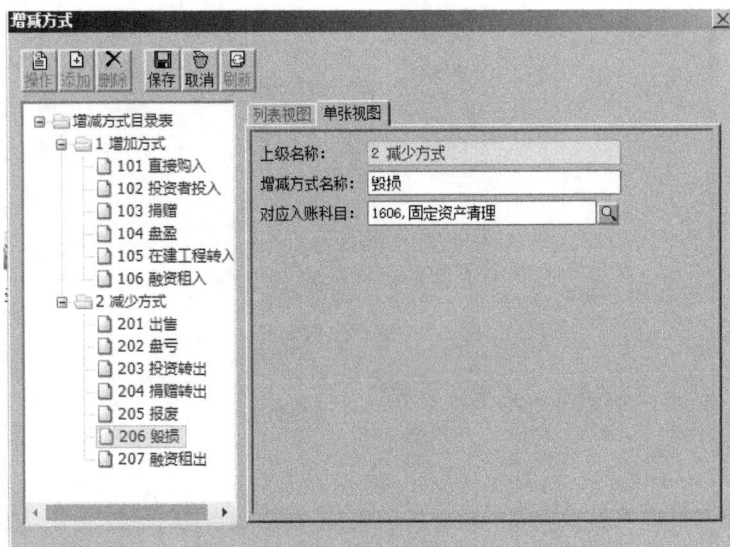

图 6.11 增减方式设置

（三）期初固定资产录入

【工作实例】

固定资产卡片是固定资产核算和管理的基础依据，为保持历史资料的连续性，在建账之后要将以前的数据录入系统中，如表 6.2 所示。

表 6.2 公司固定资产情况统计

固定资产名称	类别编码	所在部门	增加方式	使用情况	可使用期限/年	开始使用日期	原值/元	累计折旧/元	对应折旧科目名称
轿车	012	企管部	直接购入	在用	5	2019-10-20	320 000	57 493.33	管理费用/折旧费
笔记本电脑	022	企管部	直接购入	在用	5	2018-10-01	16 000	3 658.67	管理费用/折旧费
传真机	022	企管部	直接购入	在用	5	2018-02-18	1 500	539.00	管理费用/折旧费

续 表

固定资产名称	类别编码	所在部门	增加方式	使用情况	可使用期限/年	开始使用日期	原值/元	累计折旧/元	对应折旧科目名称
台式电脑	021	生产部——装配车间	直接购入	在用	5	2018-10-01	5 000	1 143.33	制造费用
合计							342 500	62 834.33	

操作步骤：

（1）依次单击"固定资产""卡片""录入原始卡片"命令，打开"资产类别参照"窗口，如图6.12所示。

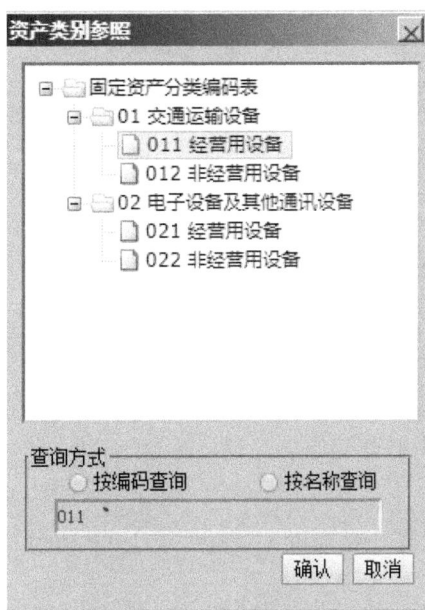

图6.12 选择资产类别

（2）选择固定资产类别"012 非经营用设备"，然后单击"确认"按钮，进入"固定资产卡片录入"窗口。

（3）输入固定资产名称"轿车"；双击部门名称，选择"企管部"；双击增加方式，选择"直接购入"；双击使用状况，选择"在用"；输入开始使用日期"2019-10-20"，输入原值"320000"、累计折旧"57493.33"；输入可使用年限"5"。其他信息自动算出，如图6.13所示。

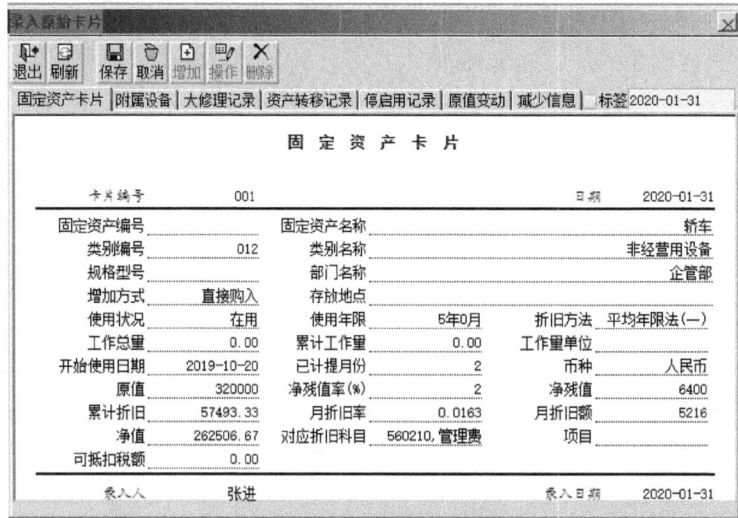

图 6.13　录入原始卡片

（4）单击"保存"按钮，弹出"数据成功保存！"信息提示框，然后单击"确定"按钮。

（5）用同样的方法，完成其他固定资产卡片的录入。

（四）固定资产日常业务处理

【工作实例】

明月电子有限责任公司每月需对固定资产管理系统的日常业务进行处理，包括以下内容。

（1）资产增加：1 月 20 日，公司财务部购买一台打印机，价值 1 000 元（含税价），不能抵扣增值税，净残值率 2%，预计使用年限 5 年。

（2）资产评估：1 月 22 日，公司对轿车进行资产评估，评估结果为原值 300 000 元，累计折旧 60 000 元。

（3）计提折旧：计提本月固定资产折旧。

（4）资产减少：企管部传真机毁损。

（5）资产变动：

①原值变动：1 月 31 日，为企管部轿车添置新配件 8 000 元。

②部门转移：1 月 31 日，企管部的笔记本电脑因工作需要调整到采购部。

操作步骤一：

（1）依次单击"固定资产""卡片""资产增加"命令，进入"资产类别参照"窗口。

（2）选择资产类别"022　非经营用设备"，单击"确认"按钮，进入"固定资产卡片新增"窗口。

（3）输入固定资产名称"打印机"，双击使用部门，选择"财务部"，双击增加方式，选择"直接购入"，双击使用状况，选择"在用"，输入原值"1000"，可使用年限"5"，开始使用日期"2020-01-20"，如图 6.14 所示。

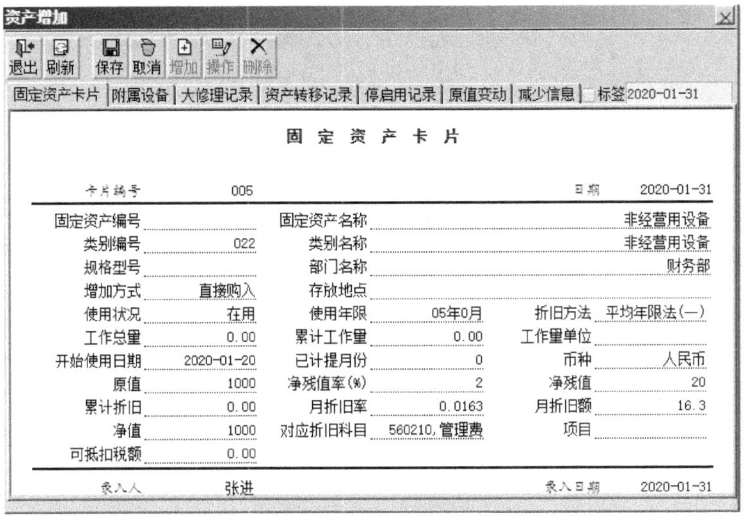

图 6.14　资产增加设置

（4）单击"保存"按钮，进入"填制凭证"窗口。

（5）选择凭证类型"付款凭证"，修改制单日期、附件数，单击"保存"按钮，生成凭证，如图 6.15 所示。

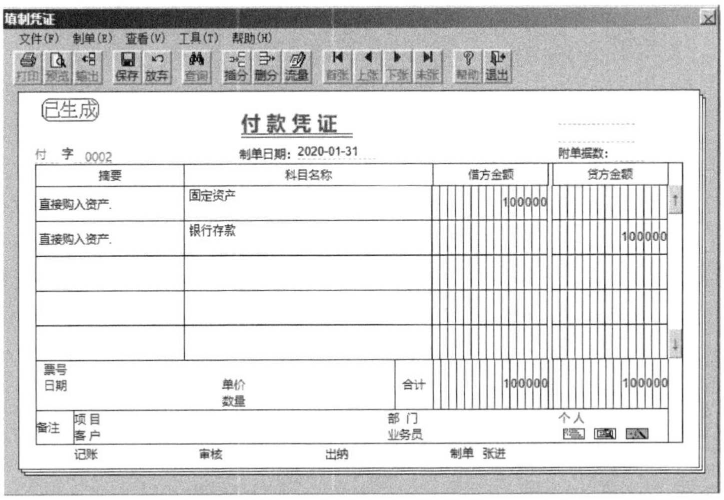

图 6.15　新增固定资产生成凭证

操作步骤二：

（1）依次单击"固定资产""卡片""资产评估"命令，进入"资产评估"窗口，如图 6.16 所示。

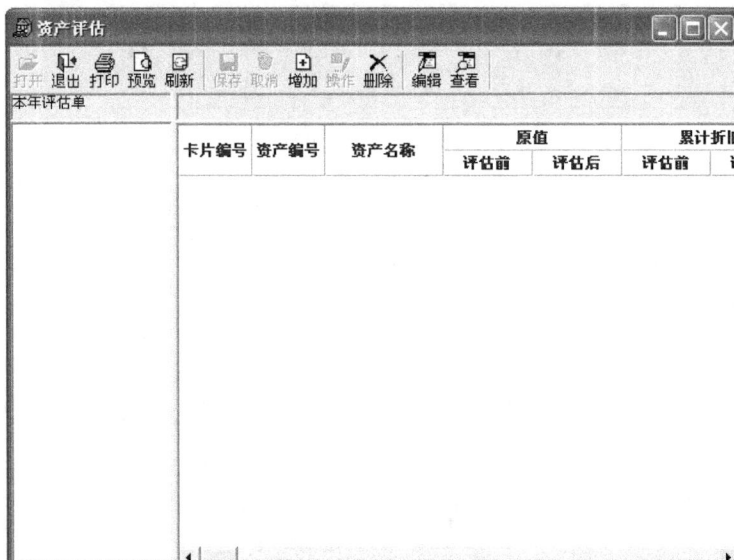

图 6.16　资产评估

(2)单击"增加"按钮,打开"评估资产选择"对话框。

(3)选择要评估的项目"原值"和"累计折旧",如图 6.17 所示。然后,单击"确定"按钮。

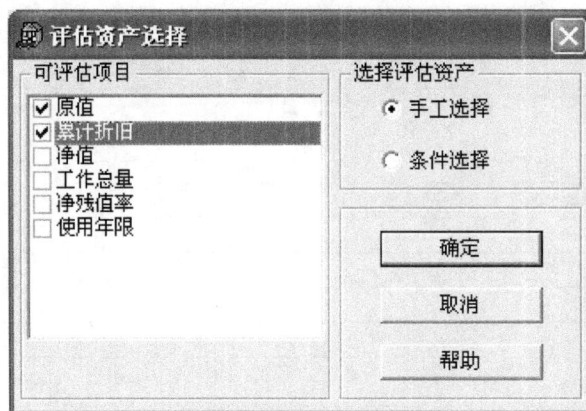

图 6.17　评估资产选择

(4)在"资产评估"窗口中选择要评估资产"轿车"的卡片编号。然后,单击"确认"按钮。

(5)输入评估后数据,如图 6.18 所示。

图 6.18　输入评估数据

(6)单击"保存"按钮,系统弹出:"是否确认要进行资产评估?"单击"是"按钮,弹出"填制凭证"窗口。

(7)在凭证窗口中,选择凭证类别"转账凭证",空白科目选择"560214　管理费用/其他";在部门核算中选择"企管部"。

(8)单击"保存"按钮。

操作步骤三：

(1)依次单击"固定资产""处理""计提本月折旧"命令,弹出"是否查看折旧清单?"信息提示框,如图 6.19 所示。

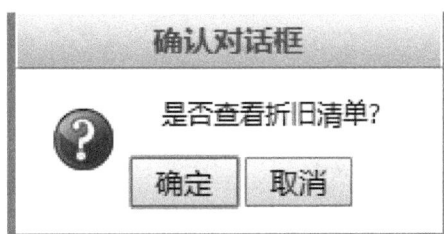

图 6.19　计提折旧系统提示

(2)单击"取消"按钮。

(3)系统计提折旧完成后进入"折旧分配表"窗口,如图 6.20 所示。

图 6.20　"折旧分配表"窗口

(4)单击"凭证"按钮,进入"填制凭证"窗口。选择"转账凭证",单击"保存"按钮,计提折旧凭证如图 6.21 所示。

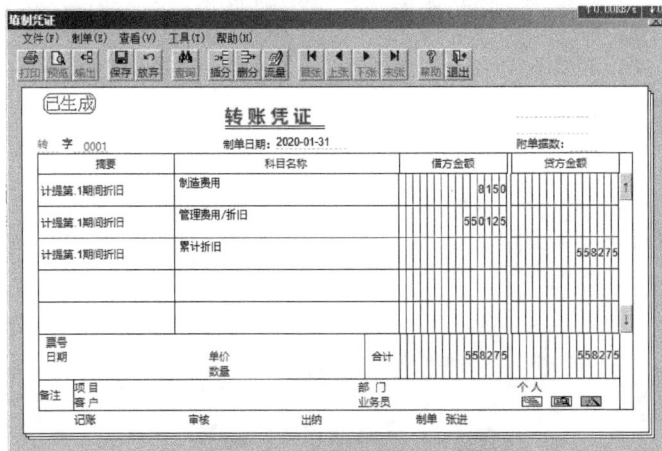

图 6.21 计提折旧凭证

操作步骤四：

(1)依次单击"固定资产""卡片""资产减少"命令，进入"资产减少"窗口。

(2)选择卡片编号"003"，然后单击"增加"按钮。

(3)选择减少方式"毁损"，如图 6.22 所示。

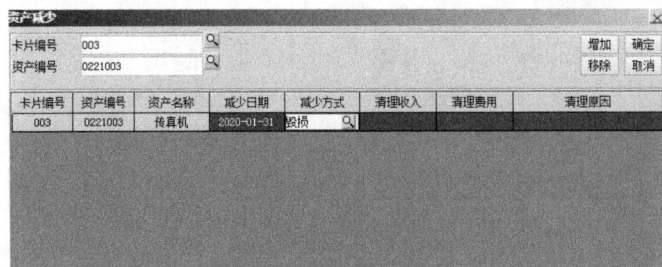

图 6.22 资产减少设置

(4)单击"确定"按钮，进入"填制凭证"窗口。

(5)选择"转账凭证"，修改其他项目，然后单击"保存"按钮，如图 6.23 所示。

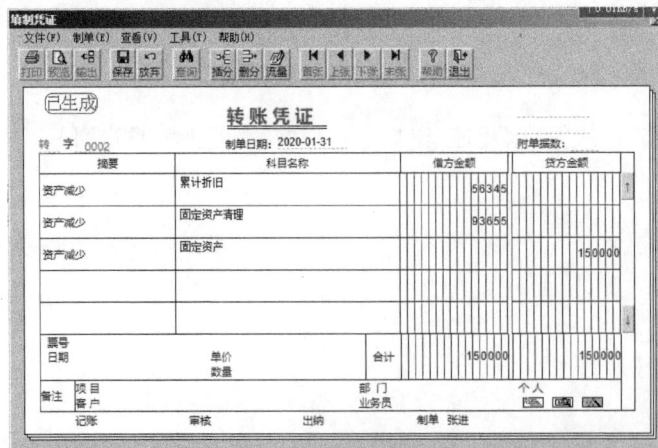

图 6.23 资产减少生成凭证

操作步骤五：

1. 原值变动

（1）依次单击"固定资产""卡片""变动单""原值增加"命令，进入"固定资产变动单"窗口。

（2）选择输入卡片编号"001"，输入增加金额"8000"，输入变动原因"增加配件"，如图 6.24 所示。

图 6.24 固定资产原值增加

（3）单击"保存"按钮，进入"填制凭证"窗口。

（4）选择凭证类型"付款凭证"，填写修改其他项目，然后单击"保存"按钮。

2. 部门转移

（1）依次单击"固定资产""卡片""变动单""部门转移"命令，进入"固定资产变动单"窗口。

（2）输入卡片编号"002"，双击变动后部门，选择"采购部"，输入变动原因"调拨"。

（3）单击"保存"按钮，弹出系统提示，如图 6.25 所示。

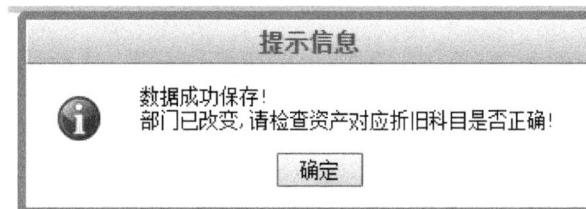

图 6.25 部门转移

（4）单击"确定"按钮。

（五）固定资产管理系统期末处理

【工作实例】

明月电子有限公司每月月末要对固定资产进行计提减值准备、计提折旧、对账和结账等工作。

(1)对账：进行固定资产与总账期末对账。

(2)结账：进行月末结账处理。

(3)取消结账：取消月末结账。

操作步骤一：

(1)在固定资产系统依次单击"固定资产""处理""对账"命令，弹出"与财务对账结果"提示框。

(2)单击"确定"按钮。

操作步骤二：

(1)依次单击"固定资产""处理""月末结账"命令，打开"月末结账"对话框。

(2)单击"开始结账"按钮，系统自动检查与账务系统的对账结果，单击"确定"按钮后，弹出"月末结账成功完成！"系统提示框。

(3)单击"确定"按钮。

操作步骤三：

(1)依次单击"固定资产""处理""恢复月末结账前状态"命令，弹出"是否继续？"系统提示框。

(2)单击"是"按钮，弹出"成功恢复月末结账前状态！"系统提示框。

(3)单击"确定"按钮。

附录一　总账练习

1.账套信息

账套号:005

账套名称:明月电子有限责任公司

采用默认账套路径

启用会计期:2020 年 1 月 1 日

会计期间设置:默认

2.单位信息

单位名称:明月电子有限责任公司

单位简称:明月电子

单位地址:绍兴市解放路 388 号

法人代表:肖正

邮政编码:312000

联系电话及传真:0575-87606068

税号:9133062176111222813

3.核算类型

记账本位币:人民币(RMB)

企业类型:工业

行业性质:小企业会计准则(2013),按行业性质预置科目

账套主管:张进

4.基础信息

该企业无外币核算,进行经济业务处理时,需要对存货、客户、供应商进行分类。

5.分类编码方案

存货分类编码级次:122

客户和供应商分类编码级次:12

科目编码级次:4222

其余为默认。

6.数据精度

该企业对存货数量、单价小数位定为 2。

7.启用账套

该企业启用总账、工资和固定资产账套。

8.设置操作员(无密码)

操作员编号	操作员姓名	操作员权限	操作员岗位
MY001	张 进	账套主管	账套主管
MY002	王 晶	公用目录设置,工资、固定资产、总账(除出纳签字)	总账会计
MY003	张 芳	现金管理,出纳签字	出纳

9.基础设置

(1)部门档案。

部门编码	部门名称
1	企管部
2	财务部
3	人事部
4	采购部
5	销售部
6	生产部

(2)职员档案。

职员编号	职员名称	所属部门
001	肖 正	企管部
002	张 进	财务部
003	王 晶	财务部
004	张 芳	财务部
005	李思雨	人事部
006	马 云	采购部
007	韩伟伟	销售部
008	田 凯	生产部
009	王 丽	生产部

(3)客户分类。

1 本市   2 外地

（4）客户档案。

客户编号	客户名称	客户简称	所属分类码	税号	开户银行	银行账号
001	天成科技有限公司	天成科技	1	91330123768943034M	工行城南支行	120120120120120
002	博泰数码有限公司	博泰数码	2	913401323487958732	建行朝晖支行	311311311311311

（5）供应商分类。

1 省内　　　　　　　　　　2 省外

（6）供应商档案。

客户编号	客户名称	客户简称	所属分类码	税号	开户银行	银行账号
001	宁波集成公司	宁波集成	1	91330238475968372A	农行鄞州支行	220220220220220
002	南海系统有限公司	南海系统	2	91320439484757283I3	建行福州支行	123123123123123

（7）设置凭证类别。

采用收款凭证、付款凭证和转账凭证三类，并设置借贷方条件。

（8）会计科目设置。

科目编码	科目名称	辅助核算
1002	银行存款	日记账、银行账
140301	鼠标	数量核算：个
140302	硬盘	数量核算：盒
1122	应收账款	客户往来
2202	应付账款	供应商往来
222101	应交增值税	
22210101	进项税额	
22210106	销项税额	
310415	未分配利润	
400101	直接材料	
400102	直接人工	
400103	制造费用	
560108	应付福利费	
560109	工会经费	
560110	职工教育经费	
560209	员工工资	
560210	折旧	

科目编码	科目名称	辅助核算
560212	福利费	
560213	差旅费	
560214	其他	

(9)指定会计科目:库存现金、银行存款。

(10)开户银行。

01　开户行:工商银行城南支行;账号:888666432152322。

(11)结算方式:转账、现金支票、转账支票。

10.总账期初设置

系统参数设置:出纳凭证必须由出纳签字、支票控制、凭证账簿套打、制单序时控制。

11.期初余额录入

科目名称	借贷方向	余额/元	辅助核算
库存现金	借	4332.82	
银行存款	借	235024.71	
应收账款	借	35000	客户核算
其他应收款	借	2 000	
原材料—硬盘	借	8 000	数量核算(20盒,400元/盒)
库存商品	借	406 000	
固定资产	借	342 500	
累计折旧	贷	62 834.33	
短期借款	贷	300 000	
实收资本	贷	500 000	
未分配利润	贷	170 023.2	

应收账款明细

日期	凭证号	客户	业务员	摘要	方向	金额/元
2019-12-9	转-144	天成科技		销售产品	借	10 000
2019-12-30	转-157	博泰数码		销售产品	借	25 000

12.日常业务处理(会计填制凭证)

(1)1月2日,出纳张芳提现1 000元备用。(附件1张:现金支票0587456)

借:库存现金　　　　　　　　　　　　　　　　　　　　　　　1 000

　　贷:银行存款　　　　　　　　　　　　　　　　　　　　　　1 000

(2)1月5日,马云出差归来报销差旅费1 860元,原先预借款项2 000元,剩余款项交回出纳。(附件5张)

借:管理费用——差旅费	1 860
库存现金	140
贷:其他应收款	2 000

(3)1月10日,向宁波集成公司采购硬盘60盒,单价400元,款项已用银行存款支付。(附件2张,转账支付)

借:原材料——硬盘	24 000
应交税费——应交增值税(进项税额)	3 120
贷:银行存款	27 120

(4)1月20日,销售给博泰数码计算机两台,每台5 000元,款项已收存银行。(附件2张,转账收到)

借:银行存款	113 00
贷:主营业务收入	10 000
应交税费——应交增值税(销项税额)	1 300

13.出纳签字

对2020年1月填制的凭证进行出纳签字。

14.审核凭证

对2020年1月的凭证进行审核。

15.记账

对2020年1月的凭证进行记账。

附录二　账套综合练习

一、建立账套(5分)

1.相关信息

系统时间:2021/01/01

账套号:学号(由 3 个数字组成,如"010")

账套主管:编码 301

用户名:学生姓名

口令 1:必须由账套主管来进行审核和记账。

操作员 1:用户编码 302,马玉,具有除账簿清理以外的总账模块的所有权限,且必须由她来填制凭证再加工资和固定资产的权限。

操作员 2:用户编码 303,李强,权限包括出纳现金管理的所有权限及进行出纳签字的权限。

2.账套信息

账套名称:班级＋姓名＋学号(学号为两位数)

账套路径:默认

3.本单位信息

单位名称:绍兴美丽纺织有限公司

税号:91330638596837282B

4.核算信息

本币代码:RMB　　　　　　本币名称:人民币

企业类型:工业企业　　　　行业性质:小企业会计准则(2013 年)

客户、供应商和存货均不分类,无外币核算。

5.编码方案

科目编码级次:42222　　　　部门编码级次:222

数据精度:均为 2 位小数

启用会计期:总账、工资、固定资产模块均为 2021/01/01

二、基础信息资料(20分)

公用信息:

(1)部门档案设置:01 厂部、02 销售一部、03 财务部。

(2)人员档案设置:

部　门	人员编码	姓　名	职员属性
厂　部	101	张　华	在职人员
销售一部	201	李　刚	在职人员
财务部	301	学生姓名	在职人员
财务部	302	马　玉	在职人员
财务部	303	李　强	在职人员

(3)凭证类别:收款凭证、付款凭证、转账凭证。

(4)客户档案设置(无分类):01 弘生公司(简称"弘生")、02 广用公司(简称"广用")。

(5)供应商档案(无分类):01 北京强达公司(简称"北京强达")、02 洛阳飞利集团(简称"洛阳飞利")。

(6)指定会计科目

现金科目:库存现金　　　　　银行科目:银行存款

(7)2021 年 1 月 1 日会计科目增加或修改设置及期初余额录入(见下表)

科目编码	科目	外币	计量单位	方向	辅助核算	余额/元
1001	库存现金			借		1 500
1002	银行存款			借		911 635.8
100201	工行存款			借		911 351.4
1101	短期投资			借		920 000
110101	股票			借		920 000
1121	应收票据			借		46 800
1122	应收账款			借	客户往来	20 000
1131	应收股利					
1221	其他应收款			借	个人往来	500
1402	在途物资					
1411	周转材料			借		
1405	库存商品			借		32 000
140501	甲产品		个	借	数量金额式(100 个)	16 000
140502	乙产品		个	借	数量金额式(200 个)	16 000
1601	固定资产			借		596 000
1602	累计折旧			贷		323 920.2
1604	在建工程			借		400 000
160401	人工费			借		100 000
160402	材料费			借		300 000

科目编码	科目	外币	计量单位	方向	辅助核算	余额(元)
2001	短期借款			贷		1 000 000
2202	应付账款			贷		30 000
2211	应付职工薪酬			贷		450 000
221101	应付职工工资			贷		250 000
221103	应付福利费			贷		200 000
2221	应交税费			贷		12 000
222101	应交增值税					
22210101	进项税额					
22210106	销项税额					
222106	应交所得税					
2501	长期借款					
3001	实收资本			贷		600 000
3002	资本公积			贷		46 800
3101	盈余公积			贷		200 000
310101	法定盈余公积			贷		200 000
3103	本年利润			贷		
3104	利润分配			贷		278 000
310415	未分配利润			贷		278 000
4001	生产成本					
4101	制造费用					
5001	主营业务收入					
500101	甲产品		个		数量金额式	
500102	乙产品		个		数量金额式	
5111	投资收益					
5301	营业外收入					
5401	主营业务成本					
540101	甲产品		个		数量金额式	
540102	乙产品		个		数量金额式	
5601	销售费用				部门核算	
5602	管理费用				部门核算	
5603	财务费用					

（8）辅助核算会计科目期初余额录入：（日期保持默认）

应收账款：

①2020 年 11 月 28 日弘生公司欠货款 10 000 元,业务员:李刚。

②2020 年 12 月 31 日广用公司欠货款 10 000 元,业务员:李刚。

其他应收款:

2020 年 12 月 10 日销售一部李刚借款 500 元。

三、制单、签字、审核、记账(30 分)

要求:将以下凭证填制完毕后,进行签字、审核、记账、转账。

(1)1 月 3 日,企业从银行提取现金。(附件 1 张)

借:库存现金 40 000

　　贷:银行存款——工行存款 40 000

(2)1 月 5 日,被投资企业宣告分配现金股利。(附件 1 张)

借:应收股利 15 000

　　贷:投资收益 15 000

(3)1 月 10 日,销售一部销售甲产品一批 100 个给广用公司,单价 2 000 元,销售一部销售乙产品 200 个给弘生公司,单价 1 000 元,增值税税率 13％,均收到商业汇票(甲产品和乙产品分别写,凭证中主营业务收入应该显示数量和单价)。(附件 4 张)

借:应收票据 452 000

　　贷:主营业务收入——甲产品 200 000

　　　　　　　　　　——乙产品 200 000

　　　应交税费——应交增值税(销项税额) 52 000

(4)1 月 11 日,将本月 10 日收到商业汇票向银行贴现,财务费用 10 000。(附件 2 张)

借:银行存款——工行存款 442 000

　　财务费用 10 000

　　贷:应收票据 452 000

(5)1 月 12 日,销售一部李刚归还欠款 500 元。(附件 1 张)

借:库存现金 500

　　贷:其他应收款 500

(6)1 月 13 日,购买材料一批价值 50 000 元,增值税税率 13％,款已付。(附件 2 张)

借:在途物资 50 000

　　应交税金——应交增值税(进项税额) 6 500

　　贷:银行存款——工行存款 56 500

(7)1 月 25 日,结转 10 日销售商品成本,甲产品 100 个,单位成本 1 600 元,乙产品 200 个,单位成本 800 元。(甲产品和乙产品分别写,凭证中主营业务成本应该显示数量和单价)。(附件 1 张)

借:主营业务成本——甲产品 160 000

　　　　　　　　　——乙产品 160 000

　　贷:库存商品——甲产品 160 000

　　　　　　　　——乙产品 160 000

(8)1月31日盘盈甲产品20个,每个1600元,计入营业外收入。

借:库存商品——甲产品		32 000
贷:待处理财产损溢——待处理流动资产损溢		32 000
借:待处理财产损溢——待处理流动资产损溢		32 000
贷:营业外收入——盘盈收入		32 000

注意:做完后审核、记账。

四、工资模块(15分)

1.设置工资类别:单个

人员类别:经理人员、管理人员、业务人员。扣税,不扣零。人员编码长度:5位。

2.设置银行名称

银行名称:中国工商银行。账号长度:11位。录入时默认的账号长度:8位。

3.人员档案

部 门	人员编码	人员姓名	人员类别	银行账号
厂部	00101	张 华	经理人员	87654300101
销售一部	00201	李 刚	经理人员	87654300201
财务部	00301	考生姓名	经理人员	87654300301
财务部	00302	马 玉	管理人员	87654300302
财务部	00303	李 强	业务人员	87654300303

全部为中方人员、计税、工资不停发。

4.设置工资项目

工资项目	类型	长度	小数	增减项
基本工资	数字	8	2	增项
岗位津贴	数字	8	2	增项
奖金	数字	8	2	增项
交通补贴	数字	8	2	增项
应发合计	数字	8	2	增项
养老保险	数字	8	2	减项
代扣税	数字	8	2	减项
扣款合计	数字	8	2	减项
实发合计	数字	8	2	增项

工资计算公式：

(1)岗位津贴＝iff(人员类别＝"经理人员",600,iff(人员类别＝"管理人员",400,300))

(2)交通补贴＝80

(3)养老保险＝(基本工资＋岗位津贴)×0.07

(4)应发合计＝基本工资＋岗位津贴＋奖金＋交通补贴

(5)扣款合计＝养老保险＋代扣税

(6)实发合计＝应发合计－扣款合计

工资变动：

部门名称	人员编码	人员姓名	基本工资/元
厂部	00101	张 华	2 800
销售一部	00201	李 刚	5 200
财务部	00301	考生姓名	2 500
财务部	00302	马 玉	3 200
财务部	00303	李 强	2 800

5.工资分摊(分配到部门)

(1)所有人员工资分摊100%,借方为管理费用,贷方为应付职工薪酬——工资。

(2)所有人员福利费分摊14%,借方为管理费用,贷方为应付职工薪酬——福利费。

(3)分别生成2张凭证,根据2张凭证进行审核、记账。

(4)工资结账,清零项目为奖金和交通补贴。

五、固定资产模块(15 分)

1.期初设置

(1)302,马玉登录,对账不平时允许月末结账。在固定资产向导中,主要折旧方法为平均年限法(一),对账科目为固定资产对账科目1601、累计折旧对账科目1602,其他为默认。

(2)部门对应折旧科目

部门编码	部门名称	折旧科目
01	厂部	管理费用 折旧费
02	销售一部	销售费用 折旧费
03	财务部	管理费用 折旧费

(3)设置资产类别

类别编码	类别名称	使用年限	净残值率	计提属性	方法
01	办公设备	10	5%	正常计提	平均年限法(一)
02	运输设备	10	5%	正常计提	平均年限法(一)

(4)录入原始卡片

编号	资产名称	类别号	增加方式	原值/元	使用年限/年	使用部门	累计折旧/元	开始使用时间
001	卡车	02	直接购入	578 000	10	销售一部	314 506.2	2014-04-02
002	笔记本电脑	01	直接购入	18 000	5	财务部	9 414	2019 09-25

使用状况:均为在用。

2.本月处理

(1)本月增加资产:2021年1月31日购运输汽车一辆,价值120 000元,使用年限10年,厂部使用,编号003。

(2)计提折旧并制单。

(3)对上述2张凭证进行审核记账。

(4)固定资产结账。

六、总账期末处理(5分)

(1)按照2%计提当月短期借款利息。

(2)结转本年利润(要求利用转账定义中期间损益转账方式生成凭证)。

(3)在总账系统对账、结账。

七、报表部分(10分)

要求:把报表文件保存到考试文件夹中,报表文件命名为:"资产负债表+班级+学号"和"利润表+班级+学号"。

(1)调用报表模板,生成资产负债表,注意资产与负债和所有者权益类要平衡。

(2)调用报表模板,生成利润表。

技术支持:

各个子系统结账后,再去总账系统结账,完成报表。